La Crise du Livre

DU MÊME AUTEUR

De l'adoption et de la tutelle officieuse, de la puissance paternelle. Thèse pour la licence. Faculté de droit de Paris. Paris, 1862, in-8, 132 pages.

En Égypte, Alexandrie, Port-Saïd, Suez, Le Caire. Journal d'un touriste. Paris, 1867, 1 vol. in-8, 352 pp., avec une carte (tiré à 100 exemplaires numérotés).

Henri Regnault (1843-1871). Paris, 1872, 1 vol. in-16, 102 pages avec un dessin à la plume.

Autour d'une Source, la Fontaine des Vaux d'or, la Sente de Saint-Cloud à Suresnes, la Tourelle de la Porte de Saint-Cloud. 1900, 1 vol. in-8, 159 pages, avec 22 similis.

La Rue Hautefeuille, son histoire et ses habitants (propriétaires et locataires), 1252-1901. Contribution à l'histoire des rues de Paris. Paris, 1901, 1 vol. in-8, VI-202 pages, avec 14 planches en photogravure.

La
Crise du Livre

PAR

Henri BAILLIÈRE

Libraire-Éditeur
Ancien Juge au Tribunal de Commerce de la Seine
Membre de la Société d'Histoire de Paris
et de la Société historique du VIe arrondissement

PARIS
LIBRAIRIE J.-B. BAILLIÈRE ET FILS
19, rue Hautefeuille, près du boulevard Saint-Germain.

1904

AVANT-PROPOS

—

La *Crise du Livre* a fait l'objet d'une lecture devant la Société historique du VIe arrondissement, le 27 décembre 1901, — puis d'une conférence devant l'Association amicale des commis libraires français, le 16 janvier 1904.

La présente publication, dont l'étendue aurait dépassé les bornes d'une lecture ou d'une conférence, contient de nombreux passages que j'avais dû supprimer.

H. B.

31 janvier 1904.

LA CRISE DU LIVRE

INTRODUCTION

—

La crise du livre est une actualité, mais ce n'est pas une nouveauté.

Le livre a été autrefois la victime des passions religieuses, politiques, philosophiques.

Au XVIe siècle, les bûchers s'allumaient pour les livres et pour les libraires (Etienne Dolet, Louis Berquin, Martin Lhomond);

Au XVIIe siècle, on brûlait encore les livres au pied de l'escalier du Palais, non plus les libraires, mais pour eux on avait le carcan et les galères;

Au XVIIIe siècle, c'était la contrefaçon hollandaise et suisse, la censure et la Bastille;

Au XIXe siècle, les ennemis du livre s'appelaient les guerres et les bouleversements politiques, la censure, l'impôt de 1 centime par feuille imprimée, les cabinets de lecture, la contrefaçon belge, le roman feuilleton, la presse à bon marché;

Aujourd'hui, par ces temps de veulerie, où personne n'a plus de volonté, le livre est victime de nos états d'âme et de nos mœurs.

La crise, par définition, semblerait devoir être une maladie aiguë; elle est, au contraire, pour le livre une maladie chronique, qui tient à sa nature même; il en souffre depuis sa naissance, il en vit, et il en vivra, il n'en guérira pas, et il n'en mourra pas : il est immortel.

LES CAUSES DU MAL

On a déjà beaucoup écrit sur ce sujet : et comme il arrive toujours, chacun s'ingénie à rejeter la faute sur son voisin : l'éditeur accuse le détaillant; le détaillant rejette la responsabilité sur les grands magasins; les grands magasins sur la presse; la presse sur le public; le public sur les éditeurs; il y a là un cercle vicieux dont il est difficile de sortir.

A mon avis, tout le monde a raison, et tout le monde à tort en même temps, chacun a sa part de responsabilité : je voudrais rétablir les choses en leur vraie place, et dire son fait à chacun.

Commençons par l'éditeur.

TROP D'ÉDITEURS

D'après un relevé fait sur le rôle de la Taille levée en 1292, il y avait, à Paris, 8 libraires ou vendeurs de livres (l'imprimerie n'existait pas); sous Louis XIV, l'ordonnance d'août 1686 fixe le nombre des libraires à 24; le décret du 5 février 1810, sans en limiter le nombre comme il le fait pour les imprimeurs, astreint les libraires à la formalité du brevet et du serment. Chacun avait alors sa spécialité, sa notoriété comme spécialiste, et parsuite sa clientèle, si bien qu'un livre était sûr de trouver un débouché; les habitués achetaient de confiance sur l'étiquette de la maison.

Lorsque la liberté de la librairie fut décrétée par le gouvernement de la Défense Nationale (10 septembre 1870), le nombre des éditeurs augmenta : nous étions 20, nous sommes aujourd'hui 200.

On a cru qu'il suffisait, pour devenir un grand éditeur, d'ouvrir une boutique, de réunir quelques auteurs de second ou de troisième ordre, de mettre du noir sur du blanc, de chauffer la presse à l'aide de *Réclames*, payées souvent bien cher. Malheureusement, il est plus facile d'éditer que de vendre, et beaucoup de ces éditeurs improvisés s'entendent mieux à fabriquer un livre qu'à l'écouler.

C'est pourtant là le but de notre métier. La bière qui n'est pas bue a manqué sa destinée, disait M. de Bismarck : il en est de même du livre qui n'est pas lu et qui n'est pas acheté.

Plus occupé du livre qu'il va commencer que de celui qu'il vient de terminer, tout entier à la fabrication, et vous savez ce qu'il faut de temps et de soin pour fabriquer un livre, l'éditeur ne *soigne pas assez la vente.* Dès que le volume est paru, il ne s'en occupe plus, il l'abandonne au petit bonheur pour qu'il fasse son chemin s'il le peut : on dirait un père qui ne s'occupe plus de son enfant quand il est né et qui le laisse exposé à tous les hasards des intempéries.

A force de fabriquer, on a immobilisé ses capitaux et je ne vous apprendrai rien en vous disant qu'en librairie le capital se renouvelle lentement : je pourrais citer telle maison, qui, avec ses deux millions de marchandises en magasin, arrive à peine à faire 800,000 francs d'affaires par an : il lui faut donc près de 2 ans et demi pour renouveler son capital.

Si la maison a des ressources importantes, elle peut attendre, et le bénéfice sera le prix de sa patience. Mais si, comme c'est généralement le cas des nouveau-venus, la maison d'édition a besoin de réaliser pour pouvoir soutenir et entretenir cette production effrénée, elle solde : et le solde, nous le verrons, c'est le désastre.

Trop de livres

S'il y a trop d'éditeurs, il y a aussi trop de

livres, et surtout de livres trop insignifiants et sans valeur, sans originalité, qui se tuent les uns les autres : c'est une conséquence forcée.

On a calculé que, depuis l'invention de l'Imprimerie jusqu'à la fin de 1900, il a paru dans le monde 25.000.000 d'écrits environ, et que, depuis 1900, la production annuelle n'est guère inférieure à 500.000 écrits (1).

En 1814, d'après Hébrard (2), la librairie française a publié 2.683 volumes ; en 1898, la production s'est élevée à 14.781 volumes, tandis que l'on compte :

En Allemagne..........	23.908
En Angleterre..........	14.498
Aux Etats-Unis........	10.630
En Italie..............	9.567
En Belgique	2.272

Certaines maisons de librairie jettent sur le marché qui 200, qui 300 volumes de romans par an. Dentu, le libraire du Palais-Royal, publiait un volume en moyenne par jour.

D'après une statistique qui remonte à plusieurs années, la France serait le pays où il se publie le plus de livres proportionnellement à la population : un livre par 1600 habitants.

(1) *La Revue*, 15 oct. 1903, p. 203.
(2) Hébrard, *la Librairie*, p. 32.

L'Angleterre tient le second rang ; la Hollande, le Danemarck, la Norwège, le 3e rang ; la Suède, le 4e ; l'Italie, le 5e ; l'Allemagne ne vient qu'au 6e rang avec 1 livre par 2800 habitants ; la Russie a 1 livre pour 10.000 habitants. Les chiffres ont pu changer, mais la proportion reste la même, sauf pour l'Allemagne.

Sans doute le livre est un aliment nécessaire, indispensable, comme le pain. On ne peut s'en passer, car il y a tous les ans une génération nouvelle, qui monte à la surface et qui a besoin d'un alphabet, d'une grammaire, d'une histoire de France, d'un traité de mathématiques, de physique, de droit ou de médecine. Je vois cependant, entre le pain et le livre, une différence, c'est que la consommation du pain suit exactement le mouvement de la population, tandis que la consommation du livre le dépasse et elle le dépasse dans des proportions considérables : mais ce qui est plus fâcheux, c'est que la production du livre dépasse encore la consommation.

Le nombre des lecteurs a doublé, triplé même ; mais le nombre des livres qui doivent solliciter leurs préférences a décuplé, si ce n'est plus. Il y avait autrefois 4 ou 5 grammaires latines, il y en a 30 aujourd'hui ; il y avait 2 ou 3 livres sur la manipulation du vin, il y en a 25 maintenant.

Je sais un éditeur qui, en une seule année, a publié à lui seul 4 volumes sur les manipulations vinicoles, et ce n'est pas pour lui une spécialité.

Certains éditeurs mettent leur amour-propre à posséder, comme le voisin, toute la série des Manuels, Précis, Traités à l'usage de telle ou telle école de l'enseignement primaire, secondaire ou supérieur.

« On ne peut, dit M. Schwarz (1), avoir une idée sans qu'immédiatement vingt imitateurs s'en emparent.

« J'ai fondé une publication dans un genre parisien et piquant, sur papier rose, *le Froufrou*, et coup sur coup, dans le sillage de mon succès, parurent :

Le Jean qui rit,
Le Sans-gêne,
La Vie en rose.
L'Indiscret.
La Culotte rouge.
La Rigolade.
Le Fêtard.
Le Petit Sans-gêne.
Paris-Cythère.

(1) *La Revue*, 5 octobre 1903.

Le Vieux marcheur.

Le Pot aux roses, etc.

« Quand *le Rire* a été inventé, tout de suite surgirent :

Le Sourire,

La Risette,

La Vie pour rire.

« Un éditeur invente un journal de dames, *Femina ;* immédiatement *la Vie Heureuse* et *Madame* emboîtent le pas.

« *Musica*, qui constitue une innovation en publications musicales, a aussitôt pour imitateurs : *Paris qui chante*, sur-le-champ concurrencé par *les Chansons de Paris*. Sans compter 3 éditeurs qui préparent des publications analogues. »

Il en a été de même encore pour la publication *le Théâtre*, qui, ayant réussi, a suscité la concurrence de plusieurs revues, calquées sur le modèle primitif.

Pour une telle production, il faut faire vite, et notre siècle de vapeur et d'électricité a appliqué avec succès au livre ses moyens de fabrication intensive et rapide. Joubert établissait une distinction entre écrire un *livre* et écrire un *ouvrage :* « On fait un ouvrage avec de l'art, on fait un livre avec de l'encre et du papier. » Cette distinction est aujourd'hui plus vraie que jamais.

Contenant et contenu

On fait des livres creux, avec des rognures d'articles publiés dans les journaux, avec des mémoires scientifiques que l'on souffle et que l'on délaye, avec des compilations baclées au courant de la plume. Autrefois, on faisait un livre quand on avait quelque chose à dire : on le disait et on s'arrêtait quand on l'avait dit; aujourd'hui on fait d'abord le titre, on le fait plein d'attractions et de promesses; on fait même la couverture, mais dans le livre on ne met rien ou presque rien.

La couverture du livre était considérée par nos pères comme un détail sans importance. Voyez les livres brochés du XVIIIe siècle : la couverture est une simple enveloppe en papier de couleurs, uni ou marbré, mais sans impression; la garde est une feuille de vieux livre, sans valeur(1). La couverture imprimée paraît avoir été

(1) Une couverture décida de la vocation d'Arago; il pâlissait sur un Traité d'Algèbre de Garnier, sans bien comprendre ce qu'il lisait. Ce livre était recouvert d'une feuille bleue, avec une garde qui était un fragment de vieux livre; il y lut ce conseil, donné par d'Alembert à un jeune homme qui lui faisait part des difficultés qu'il éprouvait dans ses études : « Allez, Monsieur, allez et la foi vous viendra. » Ce fut un trait de lumière pour Arago : il admit provisoirement la vérité des propositions qui se présentaient à lui, il passa outre, et, le lendemain, il avait compris ce qui la veille lui paraissait obscur. (*Annuaire du Bibliophile*, 1re année 1860. p. 107.)

employée pour la première fois, vers 1810, par les frères Brasseur, imprimeurs associés, rue de la Harpe, n° 93; les libraires fidèles aux traditions de l'ancien régime se contentent de coller au dos du volume une petite étiquette de papier blanc, portant le nom de l'auteur et le titre du livre; puis la couverture imprimée se généralise ; quelquefois on reprend une vieille couverture et on la retourne, pour la faire servir une seconde fois.

Aujourd'hui, il faut des couvertures illustrées, en sculpto-gravure, en repoussé, tirées en plusieurs couleurs; il faut surtout une image suggestive.

Le livre est alors un piège tendu à la naïveté de l'acheteur et caché sous des fleurs.

Revenons à ce qu'il y a dans le livre, sous la couverture.

Les auteurs ne savent pas toujours être brefs, ils devraient épargner leur temps d'abord et celui du lecteur ensuite; souvent ils se croient obligés de dire qu'ils ne parleront ni de ceci ni de cela : n'en parlez pas; c'est suffisant.

Si vous écrivez un livre de médecine, ne racontez pas sur chaque sujet ce que pensaient Hippocrate et Galien : il y a longtemps qu'ils sont morts et leur opinion a quelque peu vieilli.

Prenez pour devise : « Des choses, non des mots ; des faits plus que des réflexions. »

Si vous faites un roman, peignez la vie telle qu'elle est, ne cherchez pas des états d'âme subtils, des psychologies étranges, des situations invraisemblables, des détails honteux de la vie intime, des épithètes bizarres : tout cela déconcerte le lecteur.

Mais je m'arrête; donner des conseils aux auteurs serait un peu de l'outrecuidance de la part d'un modeste éditeur. D'autant que je sais des auteurs terribles.

Gœthe disait : « Pour ces gaillards-là (les libraires), il faut un enfer spécial, pire que celui des voleurs et des assassins vulgaires. »

A. de Humboldt (1) écrivait à son ami Agassiz : « Beaucoup de sévérité pour les éditeurs, race infernale de gens, dont j'ai déjà tué un ou deux sous moi. »

Mais ces ennemis des libraires sont des Allemands, et les auteurs français sont plus aimables.

Mary Lafon (2) écrivait, il y a 50 ans :

« Certains spéculateurs vendent de la boue délayée dans l'encre et tiennent boutique de bêtise et d'immoralité, afin de tuer, pour s'en-

(1) *Lettre à Agassiz*. 1836.
(2) Mary Lafon, *Histoire d'un livre*. Paris, 1857, p. 127.

richir, l'honneur et le bon sens en France. » Que penserait-t-il aujourd'hui?

« Plus une nation a de bons livres, a dit un philosophe chinois, plus on lui en fait lire de mauvais. »

Et l'on s'étonne que le public ne se passionne pas pour cette littérature de qualité inférieure, et surtout qu'il ne l'achète pas !

Diminution de l'Exportation

Les étrangers eux-mêmes ne veulent plus des livres français.

On m'a affirmé que certains livres de vente difficile en France s'en allaient dans l'Amérique du Sud ; là la vie n'est pas affairée et surmenée, les femmes et même les hommes ont des loisirs et la lecture de nos romans démodés constitue une distraction très appréciée : je veux le croire, quoiqu'il y ait là-bas souvent des révolutions et des guerres peu favorables à la lecture.

En tous cas, à côté du roman, il y a encore bien des livres qui ne se vendent pas de cette façon.

D'autre part, si on consulte les documents officiels publiés par l'Administration des douanes, on voit que l'exportation du livre français est tombée de 4.000.000 de francs en une seule année : en 1899, 14.130.000 francs, et en 1900, 10.338.000 francs.

J'ai eu l'occasion de remarquer, à Vienne, à Florence, à Berlin, à Stockholm, que le livre français est mal représenté aux vitrines des libraires : on ne voit que quelques romans, plus ou moins pornographiques ; les livres de littérature sérieuse, les livres de science brillent par leur absence.

Traduction-contrefaçon

La traduction-contrefaçon, qui fleurit encore dans les nations où notre propriété littéraire n'est pas reconnue et protégée, en Russie, en Turquie, en Grèce, aux Etats-Unis, etc., a bien un peu sa part dans la crise du livre. Et cependant le préjudice qui en résulte n'est rien à côté de ce qu'était, de 1830 à 1850, la contrefaçon belge, qui, saisissant un ouvrage à son apparition, l'avilissait par une fabrication défectueuse et écrasait le producteur français par une concurrence exempte de toute charge. En 1834, la contrefaçon belge a exporté pour 146.346 fr., en 1845, pour 1.524.408 fr. ; cela ressort des documents officiels (1).

Aussi comprend-on que Balzac se soit livré à des calculs pour établir tout ce qu'il perdait, en comparant les volumes français vendus 7 fr. 50

(1) *La Réimpression*. Bruxelles, 1851, p. 50.

et les volumes belges vendus 1 fr. ou 75 cent.

« Mon œuvre, dit Balzac, se compose d'environ 50 volumes ; en la réduisant de moitié comme volume et comme format, la Belgique l'a vendue à 20.000 exemplaires, ce qui produit une masse de 500.000 volumes ; elle m'a donc fait tort de 500.000 fr., en ne supposant que 20 sous de droit pour un de ces volumes, qui en contiennent 2 des nôtres.

« Si la France avait vendu mon œuvre, elle aurait opéré pour 2.000.000 de fr. de vente, en acceptant le prix du volume, qui est de 4 fr.

« Décuplez la somme, en la multipliant par le nombre des auteurs à grand succès, la librairie française aurait fait entrer en France, depuis 1830, 20.000.000 de fr. d'argent étranger ; en restreignant ce calcul à la librairie proprement dite, et négligeant la médecine, la science, la jurisprudence, l'histoire et la théologie, le Trésor aurait eu pour le moins 100 p. 100 de produit sur cette vente (1). »

Balzac était un homme d'imagination, et il exagérait un peu.

Mais revenons au livre qu'il faut solder.

(1) *La Réimpression*. Bruxelles, 1851, p. 27.

Les soldes.

Etant donnés le nombre et surtout la valeur des volumes fabriqués, comment finissent ceux qui ne se vendent pas?

Les morts vont vite, les livres aussi. L'un chasse l'autre et le livre du jour relègue aux étages supérieurs des vitrines ou aux arrière-boutiques celui de la veille, en attendant qu'ils aillent tous deux se rejoindre dans les soldes, c'est-à-dire qu'ils se retrouvent aux étalages et sur les catalogues avec un rabais de 60 ou 75 o/o.

La pratique des soldes, le *lavage*, c'est le terme consacré, n'est pas approuvée et pratiquée par tout le monde.

Autrefois, on ne faisait pas de soldes. Sans doute, tous les ouvrages ne réalisaient pas par leur succès les espérances de l'éditeur. Que faisait-on alors? On détruisait la moitié de l'édition et, par ce moyen, on conservait au reste sa valeur première. La maison gardait sa réputation intacte et ceux qui avaient acheté ne pouvaient pas reprocher à l'éditeur de lui avoir vendu un livre le double de ce qu'il valait (1).

Aujourd'hui encore, certains éditeurs, et non

(1) Hébrard, *De la Librairie*, p. 21.

des moindres, ont pour principe de ne rien solder; ils conservent, ils entassent des ballots dans leurs sous-sols ou dans leurs greniers, et sont fiers de leurs réserves colossales, affirmant que *bazarder* son fonds, c'est gâter le métier. Ceux-là sont des capitalistes.

Mais d'autres estiment que l'actualité seule donne sa valeur au livre : si la vente ne rapporte pas le prix du loyer des magasins que nécessitent les ballots et un bénéfice, il faut solder. « Il n'est jamais bon, me disait un de nos confrères, d'avoir un catalogue dont la lecture rappelle ces promenades mélancoliques dans les cimetières, où l'on déchiffre sur les tombes des noms couverts de mousse. »

Les éditeurs ont-ils le droit de solder les volumes de leur fonds? La question s'est posée devant les tribunaux. Il s'agissait de M. Alfred Capus et de notre confrère, M. Paul Ollendorf.

L'auteur disait : « Vous dépréciez mon œuvre en l'offrant à des prix ridicules de bon marché, vous avilissez ma signature; vous n'avez pas le droit de traiter aussi dédaigneusement un livre que vous avez pris l'engagement de vendre 3 fr. » Le Tribunal civil de la Seine (déc. 1903) a répondu que l'éditeur a le droit de céder à un prix inférieur aux prix habituels ou aux prix stipulés dans un contrat, pourvu qu'il paye ou qu'il ait payé les droits d'auteur convenus; que l'éditeur a le droit de soigner ses affaires sur le même pied que les affaires de l'auteur, qui a eu recours à lui.

Donc l'éditeur a le droit de solder, mais l'affaire est désastreuse pour lui, pour ses confrères et pour les amateurs.

En ce qui le concerne, il est la première victime.

Mais il porte en même temps préjudice aux libraires qui ont eu confiance en lui et qui ont acheté des exemplaires sur la base du prix de publication.

Il fait tort aussi à l'amateur, qui a acheté le livre au moment de son apparition et qui voit, non sans regret, qu'il s'est trop pressé, puisque, avec un peu de patience, il aurait eu pour 10 ou 15 fr. ce qu'il a payé 30 ou 40 fr. Remarquez d'ailleurs que le tort fait à l'amateur retombe sur l'éditeur; à l'avenir, au lieu d'acheter, l'amateur attendra.

Tant pis pour les éditeurs consciencieux : ils sont punis de la faute de ceux qui ne le sont pas.

C'est bientôt dit : « On soldera. » Pour solder, comme pour se marier, il faut être deux; le vendeur est facile à trouver, l'acheteur l'est moins.

Je sais bien que la vente des livres au rabais n'est pas une création moderne et une conséquence exclusive de la crise actuelle.

Vers 1840, on citait comme ossuaires de la librairie Lebigre, Pigoreau, Desbleds, Bechet, Picart (1). On pouvait même, à ce métier, faire fortune.

Il est de notoriété publique qu'une maison des plus importantes de la librairie parisienne a gagné une fortune considérable par l'achat en bloc des *bouillons* des éditeurs.

J'ai connu Adolphe Delahays, qui avait suivi la même voie (2) et qui y avait acquis une certaine aisance : il a du reste tout perdu en se faisant éditeur.

Mais aujourd'hui ce genre heureux de librairie est bien tombé : comme il y a trop de livres à vendre, il y a trop de livres à solder, partout il y a pléthore.

Le soldeur propose le volume de 3 fr. 50 à 60 c. par unité, 50 centimes par 100 ex., 45 centimes par 500 ex. Il descend même plus bas, et cependant les auteurs qui figurent sur ses listes de proscription ne sont pas toujours des inconnus : il y a dans le nombre ce que l'on appelle de *bons noms* et de *bons titres*.

Mais n'importe, le public ne veut plus de vieux

(1) Warée, *De la patente à imposer au libraire-éditeur.* Paris, 1844, p. 10.

(2) On lira avec intérêt dans A. de Belloy, *Portraits et souvenirs*. Paris, s. d., un article intitulé : *Le Cimetière Delahays ou ce que deviennent les livres.*

livres, il veut du neuf, il veut du nouveau ; il ne veut pas le livre qui a paru hier ou l'an dernier, il veut surtout celui qui n'est pas encore publié : celui-là est très demandé.

Les livres, mal pensés, mal écrits, mal fabriqués, mal lancés, après avoir apparu quelque temps à la vitrine avec une jolie collerette *vient de paraître*, font un séjour momentané dans un fond de magasin humide et poussiéreux, et alors commence pour eux la grande aventure.

LES LIVRES POUR DISTRIBUTIONS DE PRIX

Les uns, peut-être les plus heureux, sont vendus pour les distributions de prix. Je dis qu'ils sont heureux, parce qu'ils vont être richement habillés, et que avec ce nouvel habit ils trouveront à se caser, à se classer. Je pourrais citer un libraire qui s'est fait dans cette direction une spécialité assez fructueuse : il achète 2 fr. un livre avec gravures de 20 fr. ou 25 fr. ; il le revêt d'une reliure de 1 fr. 25 avec dorures sur les tranches et sur les plats ; il le vend 5 fr. ou 6 fr. Le maître d'école ou la municipalité qui l'achète est enchanté ; cela ne coûte pas cher, et fait de l'effet.

Mais tous les livres ne peuvent pas suivre cette voie : il y a des conditions de sujet, de format, d'illustrations que tous les livres ne remplissent pas.

LES PRIMES

D'autres sont offerts en primes par les journaux ; le livre est l'accessoire de l'abonnement.

Il y a 70 ans, c'était l'inverse : le livre était le principal, la prime formait l'apoint.

En 1835, Pourrat frères, éditeurs des *Œuvres de Chateaubriant* en 32 vol. in-8, offraient à quiconque achetait 32 vol. à 8 fr., soit 256 fr., un billet de loterie, qui permettait de gagner 180.000 fr., composé de : 1° 80.000 fr. de livres; 2° un tiers de la propriété littéraire du Chateau-Briant, estimé 100.000 fr.

C'était un moyen de propager leurs ouvrages et d'en faciliter la vente; ils invoquaient l'exemple de la ville de Paris qui empruntait au-dessous du taux normal et qui compensait cette diminution d'intérêt par l'attraction de ses primes.

L'exemple fut suivi.

A cette époque, si vous aviez besoin d'un livre d'une certaine importance, d'une valeur de 100 fr. ou 200 fr. par exemple, on vous donnait par-dessus le marché une montre, un vêtement, votre portrait peint à l'huile, etc. ; il y eut même des billets de prime pour une acquisition de 5 fr.

Deux libraires de province allèrent plus loin :

ils offrirent à leurs souscripteurs des remèdes secrets, fabriqués en dehors des prescriptions du Codex : la Faculté y vit un empiétement sur ses privilèges et fit condamner ces deux libraires, l'un à 500 fr. et l'autre à 100 fr. pour vente d'une eau colorée qui avait la propriété, d'après le prospectus, de rendre l'ouïe aux sourds (1).

La loi du 21 mai 1836 prohiba les loteries et les ventes de marchandises avec primes ; elles furent jugées contraires à l'esprit de la loi et à la dignité du commerce.

Le *Roman* et le *Guide remboursables* sont des formes modernes du livre vendu avec prime : vous achetez un roman de 3 fr. 50 au prix fort ; dans le livre, il y a une enveloppe cachetée avec un bon : on vous annonce que vous pouvez gagner une bicyclette, une pendule, un complet chez un tailleur. Pour moi, je n'ai jamais vu que des gens qui ont gagné trois séances de massage ou six cannettes de bière : j'oubliais une respectable grand'mère qui trouva dans un Guide remboursable deux entrées au Moulin-Rouge. Elle ne les a pas même données à ses petits-fils.

LES NOUVEAUX TITRES. LES MILLE FICTIFS

Une autre façon d'écouler les soldes c'est le

(1) Dupont, *Histoire de l'imprimerie*, tome II, p. 302.

truc des *nouveaux titres*, des *nouvelles couvertures*, des *mille fictifs*, destinés à faire croire au succès ; aujourd'hui, cela ne trompe plus personne, puisque tout le monde sait que l'on fait 10 éditions à la fois, et que chaque édition se compose de 250 exemplaires.

LES CAMELOTS

Je signalerai encore la ressource du *camelot* qui annonce pour un prix dérisoire « les derniers succès de la littérature contemporaine ». Il faut bien admettre que ces confrères ambulants ne travaillent pas pour le plaisir de vulgariser la pensée humaine : ils ont un bénéfice de 20 ou 25 o/o. Comme il y a eu un intermédiaire entre eux et l'éditeur, que peut-il bien rester à celui-ci ?

LES BOUQUINISTES

Enfin, quand il arrive au comble du malheur, qu'il a parcouru toutes les étapes et qu'il a traversé tous les cycles de l'*Enfer*, le pauvre livre perd son nom, il devient le *bouquin :* alors il s'en va par lots, par paquets, dans les boîtes des bouquinistes, où vivent dans une promiscuité désolante l'in-12 du XVIIe siècle relié aux armes et le roman d'hier, vierge encore, mais défraîchi et piqué ; il va subir l'inclémence des saisons, la pluie et la poussière, le frôlement de toutes ces mains peu soigneuses qui le tournent et le retournent, le dédain de ces gens qui le lisent quelquefois en partie, et puis s'en éloignent avec indifférence. Le livre est replongé dans la fosse commune.

LA MISE AU PILON

Tous ces stratagèmes, plus ou moins ingénieux, permettront de débiter quelques exemplaires ; mais la capacité d'absorption de ces moyens est bien médiocre.

Et le gros stock? que devient-il?

L'éditeur n'a plus la ressource de l'épicier, du marchand de tabac, du marchand de beurre, du marchand de fruits : on leur vend du papier blanc, on le leur impose même au nom de l'hygiène et les fabricants de papier, dont l'intérêt n'est pas le même que celui des éditeurs, se sont empressés de fabriquer des papiers pour cette clientèle spéciale. Si bien que les plaisanteries de Boileau sur le saut chez l'épicier, sur les cornets à poivre, tombent aujourd'hui dans le vide.

Alors la solution qui s'impose, c'est l'envoi au *pilon*, c'est la vente au poids, pour la fabrication du carton. C'est là l'*ultima ratio* des éditeurs.

Une rame de papier blanc jésus pour impression, qui pèse 15 kilos, et qui compte 500 feuilles, coûte, prix moyen, 12 francs; on peut estimer à un minimum de 100 fr. la dépense faite sur cette feuille de papier pour la composition, le tirage, les gravures, les droits d'auteur, le brochage, la publicité, les frais généraux. Donc 500 ex. coûtent 112 fr. — Si vous trouvez que le prix de 100 fr. est trop modeste, comme c'est le cas bien souvent, augmentez-le, mon raisonnement ne sera que plus fondé. Si le livre se vend, c'est parfait, il y aura un gros bénéfice réalisé. Mais s'il ne se vend pas, — et nous sommes en plein dans le sujet, puisque nous parlons des livres qui ne se vendent pas — s'il faut le solder, eh bien! les 500 feuilles qui ont coûté 112 fr. ne représentent plus que 6 fr. les 100 kilos, pour le pilon, et comme nous avons dit que la rame pesait 15 kilos, l'éditeur retrouve 90 cent. La perte réalisée s'élève à 111 fr. 10; il est bien entendu qu'il faut tenir compte des quelques exemplaires de l'ouvrage qui ont été vendus.

Nous sommes ici en présence d'une marchandise de nature spéciale. Le manufacturier, qui fabrique une pièce de drap et qui ne la vend pas, trouve toujours dans sa marchandise, à défaut de bénéfice, le prix de la matière première et de la main-d'œuvre. Le marchand de fer ou de farine qui s'est trompé fait liquider sa position avec une perte minime sur son prix d'achat.

Ici l'éditeur perd tout ou à peu près.

L'Impôt sur le livre

Un danger qui a menacé le livre, et qui est resté à l'état de simple menace, c'est l'impôt que l'on a proposé il y a quelques années au Conseil municipal pour boucler un budget en défaillance.

Ce n'était d'ailleurs pas une nouveauté. Un publiciste, M. Armand Gouzien, l'avait proposé au lendemain de la guerre, comme un moyen de payer l'indemnité allemande : il voulait frapper de 2 centimes tout volume vendu de 50 cent. à 1 fr., — de 5 cent., de 1 fr. à 2 fr., — de 10 cent., de 2 fr. 25 à 4 fr., — de 15 cent. au-dessus de 4 fr.; il avait obtenu l'adhésion de Victor Hugo et de Louis Blanc et il estimait le produit à 6 millions. Son projet n'eut pas de suite. Le nouveau projet n'en eut pas davantage.

Les Crises spéciales

J'ai parlé jusqu'à présent de la crise du livre en général : mais il y a aussi une crise spéciale à chaque genre de librairie.

LE LIVRE DE LUXE

Le *livre de luxe* est mort, et cependant il a été une des gloires de la librairie française. Beaucoup de bons et intelligents éditeurs n'ont pas réussi comme ils le méritaient, ils n'ont recueilli sur leurs vieux jours, pour récompense de leurs pénibles labeurs, que les déceptions et la misère: c'est que la librairie et la fortune ne font pas toujours bon ménage. Je citerai comme exemples Werdet, Lavocat, J.-J. Lefèvre, Desoer; plus près de nous, Curmer, à qui l'on doit quelques-uns des plus beaux livres de la librairie moderne et qui avait pour devise : *L'or rien ne me cure :* Techener, qui avait gagné quelque argent à vendre de vieux livres et qui se ruina en publiant les *Chroniques de Saint-Denis*, les *Lettres* de Mme de Sévigné, les *Historiettes* de Tallemant des Réaux, et la *Bibliothèque spirituelle ;* je citerai encore Albert et Louis Glady, Jouaust, Launette, Testard, Lemonnyer, enfin Quantin, éditeur d'un goût parfait, qui avait si brillamment débuté en 1878 et qui méritait meilleure fortune.

LES LIVRES DE POÉSIE, DE LITTÉRATURE ET D'HISTOIRE

Que dire des volumes de *Poésie?* Notre siècle positif ne veut plus de vers et il suffira de se promener le long des quais pour voir que les *Premiers soupirs*, les *Réminiscences*, les *Souvenirs*, les *Echos du cœur*, les *Derniers chants* occupent une large place dans les boîtes à 2 sous.

La *Littérature*, l'*Histoire*, l'*Archéologie*, la *Philosophie*, toute la littérature sérieuse est dans le même cas.

LE ROMAN

Mais c'est le *Roman* qui est le plus sérieusement atteint. Nous n'avons plus comme romanciers Balzac, Alexandre Dumas, Georges Sand, Frédéric Soulié, Eugène Sue; nous n'avons même plus Alphonse Daudet et Zola. Le roman psychologique avec ses subtilités et ses quintessences, le roman social avec ses thèses pessimistes et intransigeantes ont succédé au roman d'aventures, si gai, si bon enfant, et ne l'ont pas remplacé; mais si la qualité fait défaut, la quantité est une compensation, insuffisante il est vrai : les romanciers sont légion; ajoutez-y les femmes romancières; ajoutez encore cette nouvelle invasion de barbares, qui s'appellent les neurasthéniques polonais, scandinaves, russes; on veut nous inoculer le génie étranger; « on s'est bien mis à fabriquer à Crefeld des soieries de Lyon, à Vienne des cristaux de Baccarat, à Hambourg du cognac, à Cologne du champagne (1). » Pourquoi ne fabriquerait-on pas à Christiania ou à Berlin de la pensée française?

En 1895, le journal de *la Bibliographie de la France* a enregistré 19.000 volumes ou brochures : sur ce nombre, il faut compter près de 3.000 romans. N'est-ce pas excessif?

LES LIVRES CLASSIQUES

Le *livre classique* est atteint par la concurrence et les changements continuels de programmes.

Avant 1870, il n'y avait à Paris que 5 ou 6 libraires classiques : aujourd'hui il y en a 30. La vente n'a pas diminué, au contraire, car la loi du 16 juin 1881, qui établit la gratuité de l'enseignement primaire, et la loi du 28 mars 1882 qui rend cet enseignement obligatoire l'ont favorisée, mais le bénéfice se répartit entre tous et la part de chacun s'est restreinte.

Quant aux changements de programmes universitaires, ils entraînent la réforme partielle ou complète des livres classiques : un livre est à peine terminé qu'il est exposé à être démodé.

Voici un aperçu des changements opérés depuis vingt ans :

(1) Paul Ollendorf, *la Revue*, 15 oct. 1903.

En 1881, refonte complète de l'enseignement secondaire spécial;

En 1886, remaniement;

En 1889, nouvelle répartition des matières;

En 1890, suppression de l'enseignement secondaire spécial, remplacé par l'enseignement moderne;

En 1902, suppression de l'enseignement moderne et mise en vigueur du système des cycles (1).

LES LIVRES DE PIÉTÉ

La *librairie religieuse* se plaint de la dispersion des congrégations et est menacée par la disparition de l'enseignement congréganiste.

LES LIVRES DE SCIENCE

La *librairie scientifique* se défend mieux; avec l'esprit utilitaire qui nous anime, avec le développement des applications de la science aux arts et à l'industrie, elle a un débouché assuré.

TROP DE LIBRAIRES DÉTAILLANTS

Voilà le côté des éditeurs. Voici maintenant le côté des libraires détaillants.

Eux aussi, depuis la liberté de la librairie,

(1) Delagrave, *la Revue*, 15 oct. 1903.

ils sont trop nombreux : ils se sont multipliés comme par enchantement. Je sais telle ville de province où il y avait avant 1870 12 libraires : il y en a 25 aujourd'hui. Il semble vraiment que ce soit le plus facile et le plus lucratif des métiers et qu'on puisse s'établir libraire sans vocation spéciale et sans préparation bien longue, sans connaissances pratiques et sans capitaux : on s'établit libraire comme on aurait vendu de la porcelaine ou des produits alimentaires; il suffit, pour garnir son magasin, des dépôts que feront les éditeurs en voyant s'ouvrir une nouvelle boutique, qui paraît devoir être un excellent placement pour quelques volumes qui ne demandent qu'à sortir des sous-sols où ils s'empilaient.

Mais aussi qu'arrive-t-il? Les 25 libraires établis actuellement dans la ville dont je parlais tout à l'heure voudraient réaliser chacun les mêmes ventes que chacun des 12 anciens, lorsqu'ils étaient seuls.

Et alors, dans la pensée d'arriver à faire mieux que le voisin, c'est-à-dire à faire un plus gros chiffre d'affaires, on cherche à attirer le client par le plus gros rabais sur le prix fort, et le détaillant abandonne au passant en très grande partie, sinon en totalité, la remise que l'éditeur lui accorde.

C'est une guerre acharnée. On affiche à

l'étalage, ou on annonce dans les journaux spéciaux, le livre neuf à prix réduit : on en arrive à partager avec le client le bénéfice du treizième, et toutes les surremises qu'on a pu obtenir de l'éditeur pour une facture de quelque importance.

Que reste-t-il alors au détaillant pour couvrir ses frais généraux : loyer, personnel, contributions, pour compenser les risques de vols à l'étalage, les pertes par suite de déconfiture du débiteur, pour assurer le bénéfice qui lui permettra de vivre et de faire quelques économies pour ses vieux jours?

Ce que je viens de dire s'applique aussi bien aux libraires de Paris qu'aux libraires de province : tous ils ont à se reprocher de méconnaître leur propre intérêt.

Mais pour les détaillants de province, la question se complique.

D'une part, il faut tenir compte des frais de transport que ne connaît pas le libraire parisien, de la plus grande difficulté de se tenir au courant des variations de prix, du moindre chiffre d'affaires, et surtout de la nécessité de s'adonner à tous les genres de librairie pour satisfaire une clientèle multiple.

Le libraire de province ne peut pas se spécialiser dans la littérature, le droit, la médecine, la technologie, etc. Il faut qu'il tienne toutes les branches de la librairie.

Si encore il n'avait que la librairie? Mais ne trouvant pas dans le livre toutes les satisfactions qu'il en attendait, il s'est rejeté sur la papeterie et les fournitures de bureaux. Vous voyez où il faut en arriver.

Je puis citer un libraire qui fait imprimer sur ses têtes de lettres *Maison fondée en 1825*, qui, énumérant tout ce qu'il tient, après *librairie*, *papeterie*, ajoute : *jouets*, *bonbons*, *objets d'art*, *vannerie*, et qui fait suivre son énumération d'un *etc.*; cela ne peut évidemment signifier que *mercerie*, *quincaillerie* et *couronnes mortuaires*. Sa boutique doit rappeler l'Arche de Noé.

Je citerai encore un libraire de Genève, qui annonce en trois lignes 3 brochures de 60 centimes l'une et qui consacre les 9 dixièmes de sa page à dire qu'il est le dépositaire de *thés dernière récolte*, de *vanille*, d'un *élixir pour la bouche et les dents*, d'une *eau pour les cheveux* et des *rasoirs et canifs suédois*.

D'autre part, il est bien certain que les facilités de transport accordées au commerce par la poste, par les colis postaux, sont un coup terrible porté à la librairie de province.

Supposons dans une petite ville un ingénieur, un avocat, ou un médecin, qui a vu [illegible]noncé dans un journal un livre qu'il croit de nature à l'intéresser, et qu'il désire acquérir; il se rend chez le libraire de la localité et lui demande le volume en question.—« Je connais bien le livre, je l'ai eu : j'en ai vendu le dernier exemplaire ce matin, mais je puis vous le procurer,—c'est l'affaire de deux jours, de trois jours, ou d'une semaine pour le faire venir. » Il faut compter généralement sur un délai double de celui qui a été annoncé. Comme celui qui désire acheter un livre le désire toujours tout de suite, il prend le parti d'écrire directement à l'éditeur, de joindre à sa lettre un mandat postal, et en 24 ou 48 heures au plus il reçoit le volume. Pour le libraire de province, l'affaire est manquée; car un éditeur peut facilement annoncer que toute demande de livres de littérature qui lui sera adressée avec un mandat postal bénéficiera d'une remise de 10 ou 15 o/o et en outre du franco, l'affranchissement représentant pour lui une dépense minime.

Enfin, l'abaissement du tarif des billets de chemin de fer a encore porté un certain préjudice au libraire de province. Je pourrais citer des provinciaux, qui viennent trois ou quatre fois par an à Paris faire leur provision de livres, de vêtements, de chaussures : ils trouvent dans le bénéfice réalisé par eux de quoi payer les frais de leur voyage, sans compter l'avantage d'un choix plus grand.

Cette facilité est loin de constituer un bénéfice pour le libraire ou le commerçant de province.

Il existe aussi des causes de la crise du livre tenant non plus à la nature du commerce de la librairie, mais au caractère du libraire. Sans doute, il y a encore des libraires actifs, intelligents, instruits, dans quelques grandes villes de province. Mais à côté de ceux-là combien sont apathiques, indolents, insouciants! Ils ne connaissent ni le nom des auteurs qui ont écrit sur un sujet quelconque, ni le prix des livres, ni le titre qu'ils écorchent d'une façon scandaleuse; l'éditeur ne trouve pas chez eux les auxiliaires sur lesquels il devrait pouvoir compter.

Les libraires de province, dira-t-on, pourraient avoir plus d'assortiment, et, par suite, satisfaire sur place leur client.

Oui, assurément, mais d'abord pour cela il faut des capitaux, et, comme je l'ai dit, cela manque souvent au détaillant : jeune, il s'est établi sans capital; vieux, il n'a pas fait des bénéfices lui permettant d'avoir un stock de marchandises.

Ensuite le libraire de province ne veut pas faire d'approvisionnement, parce qu'il craint les soldes qui déprécient la marchandise qu'il a achetée sur la base du prix originaire; il redoute les nouvelles éditions, qui, en matière de livres techniques ou scientifiques, font des anciennes éditions de vieux bouquins : je sais un libraire qui ne manque jamais, lorsqu'il demande 2 ou 3 exemplaires d'un volume, d'ajouter « à la condition qu'il n'y ait pas de nouvelle édition à craindre avant un an ». Sans doute, les éditeurs pourraient annoncer dans la *Bibliographie de la France* les soldes qu'ils se proposent de faire, ou les nouvelles éditions qu'ils préparent; mais la *Bibliographie* coûte très cher, et bien peu jugent utile de s'y abonner; ceux-mêmes qui s'y abonnent ne la lisent pas toujours.

Il faudrait aussi que le libraire, en province comme à Paris d'ailleurs, fût plus instruit. Que penser, par exemple, d'un libraire de province qui écrit à un éditeur : « Le dernier catalogue que je possède remonte à 10 ans. » Evidemment, il ne peut pas connaître les dernières nouveautés, et il n'aime pas à se tenir au courant.

Écoutons maintenant les doléances des libraires de province.

La concurrence des instituteurs et des grands magasins

Les seules occasions que nous aurions de faire

quelques factures qui chiffrent, disent-ils, et qui nous indemniseraient des pertes que nous sommes obligés de subir, ce sont les livres de classes, les livres de distributions de prix, et les livres d'étrennes.

Eh bien, messieurs les éditeurs, qui nous trouvent bons pour leur vente journalière, pour le petit courant, où ils ont besoin de nous, favorisent ceux qui nous coupent l'herbe sous le pied, lorsqu'il s'agit d'une grosse fourniture. Ils vendent directement aux établissements scolaires ou aux instituteurs les livres de rentrée et les livres de prix; aux concierges des établissements d'enseignement les livres classiques; ils vendent aux magasins de nouveautés les livres d'étrennes ; ils vendent à coup sûr, à ces commerçants d'occasion, qui ne connaissent pas les aléas auxquels nous sommes exposés, puisque l'instituteur ne commande que ce qu'il sait devoir placer dans une clientèle qui ne peut lui échapper, puisque le magasin de nouveautés a la faculté de retourner ce qu'il n'a pas vendu.

Les instituteurs, qui sont des employés de l'Etat qui n'ont ni patente, ni loyer, ni frais généraux, nous font une concurrence déloyale avec la complicité des éditeurs et réalisent un bénéfice sans courir aucun risque.

Les magasins de nouveautés, avec leur clientèle de toute catégorie et leurs attractions multiples, détournent de notre modeste boutique moins luxueuse les acheteurs de livres d'étrennes, et nous ne voyons plus venir chez nous que ceux qui achètent à crédit les étrennes qu'ils offrent.

Les Syndicats

Mais ce n'est pas tout : il se forme même des Syndicats (c'est la mode aujourd'hui), pour acheter des livres. Voici le fait que me racontait il y a quelques jours un libraire de Nancy. Un professeur de la Faculté des sciences a fait un livre qui est la reproduction du Cours qu'il professe et qui sert de guide aux élèves appelés à subir leur examen devant lui. Il a 25 élèves : j'avais compté que, sur ce nombre, je trouverais bien 13 acheteurs et je fis venir de Paris 13/12 exemplaires avec 20 o/o de remise, le port à ma charge. J'offris le volume avec 13 o/o de remise, ce qui, avec le port, représentait environ 18 o/o. Je n'en ai pas vendu un seul. Les élèves s'étaient syndiqués, ils avaient fait venir de Paris directement leurs 13 exemplaires, ils les avaient reçus avec 20 o/o de remise, comme moi, ils avaient payé le port, comme moi. Ils avaient gagné les 2 ou 3 o/o qu'ils m'avaient refusés. Et je garde les

13/12 exemplaires que j'ai demandés, que j'ai payés. Dieu sait quand je les vendrai.

LE PUBLIC

J'ai dit ce que je croyais être la vérité au sujet des éditeurs et des libraires ; il faut que je dise aussi un mot du public, car, lui aussi, il a sa part de responsabilité dans la crise de la librairie.

Achat au rabais

Le public, il a pris l'habitude de toujours marchander, de toujours acheter au rabais, de courir de maison en maison pour tâcher d'obtenir quelques sous de différence. Il est quelquefois volé, mais c'est un peu sa faute. Je connais un avocat de province qui avait l'habitude de se fournir de livres dans une honorable maison ; celle-ci, tous les ans, au mois de janvier, lui envoyait son compte, 25 ou 30 fr., et faisait traite sur lui. Alléché par l'annonce d'un revendeur, qui, par la voie des journaux, promettait d'envoyer en province les livres neufs, franco, avec 21 0/0 de remise, notre avocat s'adresse à lui, et joint à sa demande un mandat postal. Il ne reçut rien, pas même une réponse aux deux lettres de réclamation qu'il écrivit. S'adressant alors à l'ancien fournisseur qu'il avait quitté, il lui conta son aventure, et lui demanda conseil sur ce qu'il devait faire. Celui-ci lui répondit : « Vous avez voulu du bon marché, j'ai bien peur que vous n'en ayez eu pour votre argent, et encore pas tout à fait. »

Ce qui est encore plus général que le désir de n'acheter un livre qu'au prix le plus bas et avec le plus de remise possible, c'est le peu de goût du public — non pas pour la lecture, car on lit beaucoup, et on lit plus qu'autrefois, par suite du développement de l'instruction, — mais pour le livre. On achète un livre en passant, un livre dont on a besoin, soit pour étudier, soit pour charmer les loisirs d'un voyage ou d'une villégiature ; puis, quand on l'a lu, on le jette, on le prête, on le donne, on ne le garde pas.

Pas de place pour les livres

Où le mettre d'ailleurs? Les livres n'aiment pas être à l'étroit, il leur faut de l'espace, et c'est ce qui manque dans nos appartements parisiens trop petits; des portes et des fenêtres, il y en a partout, mais il n'y a pas de panneaux.

Il en est des livres comme du linge : cela tient de la place. Ces armoires, ces bahuts où nos grand'mères empilaient des draps et des serviettes pour toute leur existence et pour celle de leurs petits-enfants ont disparu du mobilier d'un Parisien.

On ne forme plus de bibliothèque, et on pourrait faire vite le compte de ceux qui ont chez eux 3 ou 4.000 volumes.

En province, les maisons sont plus vastes : on y trouve encore quelquefois, souvent même, des bibliothèques qui tapissent de grandes chambres désertes, et, lorsque la bibliothèque est pleine, il y a encore le grenier, où les bouquins ficelés en paquets offrent une proie facile aux souris et aux rats. Mais ces bibliothèques de province ne constituent pas un débouché pour la production contemporaine : elles viennent d'héritage et on y trouve l'*Histoire philosophique des deux Indes* de l'abbé Raynal, la *Bibliothèque des Voyages*, le *Répertoire du Théâtre français*, les *Œuvres* de Voltaire et de Rousseau, plutôt que le livre moderne.

Quant au bibliophile laborieux de province, il se limite plus spécialement aux ouvrages d'intérêt local, aux compilations savantes, aux Bulletins des Sociétés scientifiques, etc. En fait de romans, il se contente de parcourir ceux que lui fournira la *Revue des Deux Mondes*, dont il est un vieux et fidèle abonné (1).

(1) Sarcey, *le Gagne-petit*, 6 avril 1886.

Et puisque nous parlons de la *Revue des Deux Mondes*, considérez la superficie qu'occupe cette collection qui remonte à 1828, calculez le nombre de kilomètres de rayons dont il faut disposer ; le loyer qu'il faut payer représente une somme supérieure au prix de l'abonnement annuel. Le résultat, c'est que, si l'on reste abonné, on se débarrasse de la collection. Aussi voyez le prix auquel sont tombées les collections aussi volumineuses qu'embarrassantes : les amateurs trouveront la *Revue des Deux-Mondes* à 6 fr. l'année (24 numéros) ; la *Nouvelle Revue* ne dépasse pas 1 fr. 50 l'année ; la *Revue Britannique* n'est pas cotée, de même le *Correspondant*, la *Revue du Monde catholique*. Quand une revue atteint l'âge de 20 ans, c'est le commencement de la baisse des collections dans les ventes.

Les Bibliophiles d'autrefois

Il convient d'autant plus de regretter les causes qui éloignent du livre que nous y avions quelque supériorité.

Avant la Révolution, la France était le pays le plus riche en bibliothèques ! Chaque couvent, chaque château, chaque maison nobiliaire ou bourgeoise avait sa bibliothèque ; le jurisconsulte, le médecin, le savant étaient obligés d'avoir une collection plus ou moins complète de livres relatifs à leur profession, à leurs travaux (1), et chacun tenait à honneur de posséder une bibliothèque qui se transmettait de père en fils et s'accroissait sans cesse. C'est ainsi que se sont formées les collections célèbres de Grolier, A.-J. de Thou, Colbert, au XVIIe siècle ; de Falconet, de Hoym (1738), d'Orléans de Rothelin (1746), de d'Aguesseau, de Paulmy, de Choiseul, de Soubise, du duc de la Vallière (1784), de la comtesse de Verrue, au XVIIIe siècle.

Après la Révolution, les bibliothèques des couvents et des châteaux furent confisquées et formèrent le fond des bibliothèques publiques ; beaucoup de livres furent saccagés, détruits ; néanmoins quelques fervents se rencontrèrent pour recueillir ces débris et constituèrent des bibliothèques demeurées célèbres. Techener, de 1827 à 1873, a rédigé plus de 400 catalogues, sur lesquels je relève les noms de Peignot, baron Taylor, Ch. Nodier, Le Roux de Lincy, de Soleinne, Cailhava, Armand Bertin, Solar, Double, etc. ; Silvestre dirigea les ventes de La Bédoyère, Ternaux-Compans, Motteley, Pixérécourt ; je citerai encore, parmi les grands ama-

(1) P.-L. Jacob, *la Librairie*, journal bimensuel, 31 déc. 1876.

teurs de cette époque : Yemeniz, Sellière, Quatremère, Cigongne, etc.

Le Bibliophile Boulard

Je m'en voudrais, après cette énumération un peu aride, de ne pas vous indiquer jusqu'où conduisait autrefois le goût du livre, en vous donnant quelques détails sur un bibliophile ou bibliomane original, A.-M.-H. Boulard.

Il était notaire, mais il vendit son étude pour s'adonner librement à sa manie.

Ce bibliophile distingué, ce connaisseur émérite, qui non seulement savait sur le bout des doigts les noms des livres rares et précieux, mais encore que toutes les ruses de la librairie ne pouvaient tromper un instant, remplit sa maison d'éditions princeps d'Alde Manuce, de manuscrits du moyen âge; il finit par croire et par professer que tout ce qui était in-quarto, et à plus forte raison in-folio, avait droit à son hospitalité, attendu que les éditeurs modernes avaient à tort, selon lui, renoncé à de beaux formats, pour cultiver les in-8, les in-12 et même les in-18. Il devint donc, pour les proscrits de la librairie, l'ami dévoué qu'il avait été pour les proscrits de la Terreur. Sans lire le titre d'un in-folio, sur la seule vue de son gigantesque et vénérable format, il l'achetait et le faisait transporter chez lui, quand il ne lui faisait pas l'honneur de l'y transporter lui-même.

On rencontrait Boulard le matin, sur les quais, vêtu d'une longue redingote aux pans et aux poches gigantesques. Tous les étalagistes le connaissaient et lui faisaient un accueil dont il semblait heureux ; chacun s'empressait de lui offrir ce qu'il croyait avoir de plus précieux.

Boulard, quoique connaisseur exquis et l'un des plus savants bibliophiles connus, se laissait tenter plutôt par le format que par le titre, et il plongeait dans les vastes poches de sa redingote jusqu'à deux in-folio.

Henry Berthoud, auquel j'emprunte une partie de ces détails (1), raconte qu'il l'a rencontré bien souvent, dans sa jeunesse, portant fièrement son fardeau bibliographique et souriant lui-même un peu de sa manie.

— Que voulez-vous, me disait-il, je sais bien qu'on se moque de moi; mais, en tous cas, ma folie est bien innocente, et on me devra le salut de quelques chefs-d'œuvre de typographie et de pas mal d'éditions introuvables.

Boulard achetait souvent des livres à la toise (c'était la mesure de longueur de l'époque) :

(1) Henry Berthoud, *le Constitutionnel*, 1er mars 1855.

il payait en général 100 fr. la toise. Il est vrai que, vers 1865, j'ai vu vendre sur le quai Conti, dans le magasin du père Joux, et après son décès, les livres à 20 et 30 centimes le kilo.

Il advint de là que, peu à peu, son appartement s'encombra de livres et même son escalier et qu'il fallut donner congé aux locataires du même étage que le sien : puis ce fut le tour de ceux qui logeaient au-dessus; après cela, de ceux qui logeaient au-dessous; les mansardes des combles, les boutiques du rez-de-chaussée y passèrent également, et une maison d'un rapport considérable se trouva complètement envahie par des milliers de grands volumes dont, il faut bien l'avouer, le propriétaire ne savait même pas les titres, et qu'il lisait encore moins; car la vie entière d'un homme n'eût pas suffi à dicter le simple catalogue de ces bataillons formidables.

Quand Boulard eut ainsi donné congé aux locataires de sa maison, pour les remplacer par des livres, il se promit à lui-même de ne plus donner l'hospitalité à d'autres volumes sans asile et pensa avec raison que c'était bien assez d'avoir fondé un hospice de 30.000 fr. de rentes pour ces bouquins invalides, car le loyer de sa maison eût rapporté tout autant.

Pendant huit jours, il tint bon en effet; il évitait de passer sur les quais ; il se détournait des boutiques de libraires comme d'un écueil funeste; mais la fatalité voulut qu'au détour d'une rue, devant la porte du libraire Fournier, il se trouvât brusquement face à face avec une charrette entière de vénérables in-folios; Boulard ne put se contenir à cette vue, et, s'adressant au jeune homme qui conduisait la charrette :

— Où menez-vous donc ces livres ? lui dit-il avec la bienveillance paternelle qui le caractérisait.

— Chez mon maître, qui vient de les acheter.

— Et que compte en faire votre maître? reprit Boulard.

— Des sacs à café, répondit le garçon épicier, car c'était là la véritable profession de cet homme qui conduisait à la destruction plus de cinq cents in-folio.

Boulard sentit son cœur prêt à se fendre, et, sans hésiter, sans se rappeler ses serments, il acheta la charretée de livres : comme il n'avait plus de place chez lui, il loua une maison pour les loger.

Un jour, il engagea les libraires à lui acheter, pour loger ses livres, une maison payée par eux, la sienne étant déjà pleine, les assurant qu'ils y gagneraient encore.

C'est ainsi qu'il loua ou acheta successivement

quatre maisons, et qu'à sa mort, qui arriva le 6 mai 1825, il se trouvait locataire ou propriétaire de 5 maisons et de 5 à 600.000 volumes, à peu d'exceptions près, tous in-folio et in-quarto.

Mary Lafon (1) le fait mourir d'une mort digne d'un bibliophile : il rentrait, n'ayant pas trouvé de fiacre, à cause du gros paquet de livres qu'il venait d'acheter et qu'il portait; il se traîna jusque chez lui, inondé de sueur, et voulut descendre dans sa cave pour y déposer et y ranger ses dernières acquisitions; il fut atteint d'une fluxion de poitrine qui ne pardonna pas; on peut dire qu'il mourut sur le champ de bataille.

Après sa mort, on commença par débarrasser deux des maisons occupées par ses livres bien-aimés, on les chassa d'un hospice où un ami les avait recueillis, on les rejeta sur les quais, d'où il les avait tirés, et on les rendit aux bouquinistes qui les avaient vendus. Un catalogue, ou plutôt trois catalogues formant 5 vol. in-8, assez médiocrement rédigés et qui n'énumèrent que 150.000 volumes, en 18.974 articles, sans compter les réunions, occupèrent une armée de scribes pendant trois années, et achevèrent cette profanation et cette dispersion de la plus nombreuse bibliothèque privée qui ait jamais existé

(1) Mary Lafon, *Histoire d'un livre*, p. 128.

à Paris, et que peut-être on eût dû traiter avec plus d'égards.

Vous citerai-je encore une anecdocte amusante sur ces fervents qui ne rentraient jamais au logis, sans avoir rempli leurs poches de volumes qu'ils dissimulaient de leur mieux. Leber, bibliophile estimé, avait trouvé un moyen infaillible pour faire pénétrer dans son appartement ses nouvelles acquisitions. Lorsqu'il avait acheté pour lui un livre cher, il achetait pour sa femme, chez un marchand de nouveautés, un article de toilette, il se présentait alors hardiment chez lui et sa femme le recevait gracieusement, en voyant ce qui lui était destiné. « C'est ainsi, disait Leber, que j'ai pu faire admettre dans ma collection mes volumes les plus précieux (1). »

Les Bibliophiles d'aujourd'hui

De nos jours, les bibliophiles peuvent se ranger en deux classes : les *bibliophiles sages* et les *bibliophiles passionnés*.

Le *bibliophile sage* achète des livres pour leur valeur intrinsèque, pour ce qu'ils contiennent ; il recherche les bonnes éditions ; il veut des volumes habillés décemment ; il les lit et les relit, et il serait tenté de dire comme D'Alembert : « Mal-

(1) François, *le Chasseur bibliographe*, 1re année, 1862, p. 11.

heur à tout livre que l'on n'est pas tenté de relire. »

Cardan, un savant mathématicien et médecin du XVIe siècle, ne voulait que 3 livres, sauf à les relire :

Une vie des Saints et autres grands hommes.

Un livre de poésies, pour amuser l'esprit.

Et un traité des règles de la vie civile.

Cette pratique, si elle s'était répandue, n'aurait pas fait la fortune des libraires. Et vraiment qui sait aimer les livres n'a pas besoin d'en posséder un grand nombre. Lire beaucoup est le fait d'un érudit; l'essentiel est de bien lire, et d'extraire du livre les trésors que le génie ou la science y a déposés.

En général même, plus on a de livres, moins on en lit, et j'ajouterai que si on n'achetait que ceux dont on fera usage, on n'en achèterait pas beaucoup.

Le *bibliophile passionné* ne recherche ni un Estienne, ni un Colines, ni un Didot, ni un Crapelet; il dédaigne un Caxton, un Elzévier, un Alde, un Bodoni; il ne lit jamais; il veut une provenance extraordiuaire, une reliure armoriée ou sortie des ateliers des relieurs illustres, ou bizarrement conforme au genre du livre, un tirage à petit nombre sur papier de luxe, une suite de vignettes en divers états ou d'aquarelles originales : au besoin, il se fera une spécialité des éditions originales de Molière ou de Corneille, des poésies galantes du XVIIIe siècle (surtout à cause des gravures), des pamphlets de Ruelles, des éditions originales des romantiques avec la couverture, ou même des premières éditions des romans contemporains, bien qu'elles ne diffèrent des suivantes ni comme texte, ni comme papier, ni comme impression; il veut surtout ce que n'a pas le voisin, et serait peut-être prêt à imiter cet amateur de tulipes, qui, ayant appris l'existence d'un ognon de même espèce que le sien, qu'il croyait unique, l'acheta 30,000 florins, pour le broyer sous ses pieds.

Pour lui, le livre n'est pas un instrument de travail, c'est un objet de luxe, c'est un bibelot : il l'achète comme il achèterait une tapisserie des Flandres ou une porcelaine du Japon : « il aime les livres, ainsi que disait La Rochefoucauld, comme des meubles, plus pour parer et embellir sa maison que pour orner et enrichir son esprit. »

Plus n'est besoin alors de galerie; un meuble, une étagère, même, suffit.

Ce type de bibliophile qui ne lit jamais n'est d'ailleurs pas tout à fait nouveau; il a pour ancêtres :

Les *bibliotaphes*, qui, au dire de Robert Estienne, amassent des livres comme les avares amassent des écus, pour en jouir seuls et ne les communiquer à personne;

Les *bibliomanes*,dont parle La Bruyère (1), et qui agissent par ostentation, pour le seul plaisir de montrer leur *tannerie*, qu'ils appellent leur bibliothèque;

Le comte d'Estrées, qui, d'après Saint-Simon, possédait 52.000 volumes, lesquels, pendant toute la durée de sa vie, restèrent en ballots, à l'hôtel Louvois, dans un local que sa sœur lui avait prêté ;

Et ce curieux cité par d'Alembert, qui, ne sachant pas un mot d'astronomie, achetait à des prix exorbitants tous les livres traitant de cette science, les conservait sous clef sans jamais les regarder, et refusait de les laisser voir à un astronome.

Il faut convenir que ce genre de collection ne fait pas marcher le commerce de la librairie et c'est un côté de la crise du livre.

LES REVUES ET LES JOURNAUX

D'après certains esprits chagrins, une dernière cause de la crise du livre, c'est que les personnes qui lisent encore lisent des revues ou des journaux, et non pas des livres.

(1) La Bruyère, *les Caractères*, chap. *de la Mode*.

Voici d'après Nordau (1) une statistique assez instructive; il y avait :

En Angleterre.............	en 1846	551	journaux.
	en 1891	2255	—
En Allemagne.............	en 1840	305	—
	en 1891	3680	—
En France................	en 1840	776	—
	en 1891	5182	—

En 1900, il y a eu, en France seulement, 70 périodiques nouveaux, dont 15 publiés à Paris, et 55 en province.

Et cependant ce ne sont pas les Français qui dépensent le plus pour leurs lectures : l'Anglais dépense en moyenne 11 fr. 37 par an; le Français ne dépense que 7 fr. 87 et l'Allemand 7 fr. 12.

Mais ce qui fait monter les chiffres de cette statistique ce ne sont pas les livres, ce sont les journaux.

La lecture des journaux.

Le journal, comme le disait Royer-Collard, est une nécessité sociale plus encore qu'une institution politique.

Vers 1830, Emile de Girardin créa *le Voleur*, un journal littéraire, puis *la Presse*, un journal politique avec annonces au prix de 40 fr. au lieu de 80 fr. — Dutacq créa *le Siècle;* et tous deux

(1) Nordau, *Dégénérescence*, tome I, p. 70.

rivalisèrent dans l'exploitation du roman-feuilleton. Ce fut un coup porté à la librairie.

Depuis, le télégraphe, le reportage, la chronique plus ou moins scandaleuse, le supplément littéraire ont mis à la mode les lectures faciles; le bon marché y a joint un attrait de plus. Certains journaux donnent pour 5 centimes, 4, 6, 8 et quelquefois 12 pages : et, s'il y a beaucoup d'annonces, il reste encore de quoi lire ; il y a des journaux, et fort bien rédigés, où l'on trouve des articles signés de noms illustres, des dessins pour le plaisir des yeux; mais ce n'est pas tout; on vous offre des tablettes de chocolat, des barriques de vins, des billets de théâtre, une bicyclette, une automobile, une villa aux coteaux de Longchamp, la chance de gagner 100.000 fr. si on dit combien de grains de blé sont contenus dans une bouteille ou si on découvre un trésor dans un jardin public. Que de choses pour un sou, alors qu'on en a si peu pour 3 fr. dans un volume in-18 !

Et voilà pourquoi le journal a tué le livre.

Ajoutons que le journal a fait baisser le niveau intellectuel moyen des lecteurs.

Décadence de la critique littéraire

Mais ce ne sont pas les seuls méfaits du journal contre le livre.

On impute la crise du livre à la décadence de la critique littéraire. Cette forme de notre littérature, qui a brillé d'un si vif éclat, est aujourd'hui perdue et la faute en revient bien pour une bonne part aux journaux. En fait de critique, ils n'insèrent que des bibliographies postiches, émanées de l'éditeur ou de l'auteur, par application de cet axiome qu'on n'est jamais si bien servi que par soi-même, et destinées à tromper le public, comme les réclames des Sociétés financières pour l'émission des obligations d'un chemin de fer sud-américain ou sud-africain ou des actions d'une mine plus ou moins sibérienne.

Le livre est traité par le journal comme l'eau du Congo ou le Savon des Sultanes; il n'est annoncé que contre espèces sonnantes.

La critique a été par le fait réduite, avilie, puis supprimée. Il n'y a plus place dans les journaux que pour l'article payé.

Je sais un critique qui a joui d'une certaine notoriété, qui ne demandait pas moins de 800 fr. pour faire un article en première page dans un de ses journaux attitrés.

Certains directeurs de journaux défendent aux rédacteurs de citer le titre d'un livre qui leur a paru intéressant.

Tel est le cas d'un publiciste à qui l'on avait demandé une revue du Concours agricole, et à qui on avait interdit d'écrire le nom du fabricant d'une charrue ou d'un semoir.

Curieuse réclame

Voici un exemple assez curieux d'une réclame fin de siècle; le journal n'est pas en cause; mais je le citerai néanmoins pour son caractère original.

Il y a quelques années, raconte un chroniqueur parisien, un écrivain, que j'appellerai Durand, avait publié un roman, *le Lac de Genève*, qui ne se vendait pas du tout.

A Nice, où je me trouvais, un de mes amis me montra confidentiellement une lettre sans signature, une sorte d'avis ainsi conçu : « Un ami vous informe que, dans le livre intitulé *le Lac de Genève*, vous trouverez, pp. 131 et suivantes, des révélations sur la vie privée de votre femme. »

J'ai acheté ça, ajouta mon ami, mais je n'y ai rien trouvé qui m'intéressât pas plus comme mari que comme lecteur; j'en suis de mes 3 fr. 50.

Le soir, au cercle, plusieurs notables de la ville se communiquaient des missives à peu près conçues dans les mêmes termes. A l'un : « Procurez-vous à tout prix *le Lac de Genève* et lisez le chap. 5; il y va de votre honneur. » A l'autre : « Vous paraissez calme, je vous ai observé hier;

vous ne savez donc rien. Vous êtes en jeu dans *le Lac de Genève*, roman nouveau où l'on vous traite d'une façon indigne. »

Et le libraire de la place Masséna me dit le lendemain : « Tout le monde me demande *le Lac de Genève ;* j'en avais six exemplaires, ils m'ont été enlevés en quelques minutes. Je viens d'écrire à Paris pour qu'on m'en expédie un cent. »

Je reviens maintenant au journal.

Dans un pays comme la France, où la vie de l'esprit tient une si large place, n'est-ce pas un strict devoir pour ceux qui renseignent l'opinion de la mettre régulièrement au courant du mouvement intellectuel (1). La publication d'un livre a pour le moins autant d'intérêt qu'un accident d'automobile ou un cambriolage dans une chambre de bonnes.

D'ailleurs, on pourrait imiter la Presse anglaise et la Presse américaine, qui, pour maintenir à la publicité payante toute sa valeur, ont conservé une place à la critique bibliographique indépendante.

(1) Fasquelle, *la Revue*, oct. 1903.

LES REMÈDES AU MAL

Voilà toutes les causes du mal : elles sont, comme on le voit, multiples. Y a-t-il un remède à cet état de choses?

Les consultations n'ont pas manqué et chacun a proposé un moyen radical de mettre un terme aux souffrances de la librairie. Nous allons examiner quelques-unes de ces propositions.

Les remises

Parlons d'abord des remises.

A l'origine, le libraire était l'entrepositaire de l'imprimeur, moyennant une commission de 5 o/o. Plus tard, les libraires demandèrent une augmentation et la remise fut portée à 8, puis à 10 o/o; ils offrirent alors aux imprimeurs-éditeurs de faire quelques démarches pour activer le placement, moyennant un 25e exemplaire (c'est là l'origine du 13e, si connu en librairie).

La librairie devint un commerce important

vers 1770; les libraires se firent éditeurs. Plus puissants et plus gourmands, sous prétexte d'augmentation de la valeur du loyer, ils demandèrent 25 o/o et le 13e : cela faisait 33 o/o ; c'était un maximum et ce taux se maintient jusqu'en 1815. Alors commença le commerce du détail; on *gâcha* les livres et le détaillant demanda 25 o/o et double treizième, soit 40 o/o (1).

Faut-il supprimer les remises? Mais alors les détaillants se plaindront, et à juste raison, que les clients soient traités sur le pied d'égalité avec eux, et que l'éditeur ne leur laisse pas gagner leur vie.

On a dit : « Il faut empêcher les éditeurs de faire des surremises, ce qui revient à empêcher la vente par nombre, la vente aux magasins de nouveautés, aux instituteurs, etc., il faut que la remise soit égale pour tous. » En théorie, c'est très joli, mais ce n'est qu'une utopie; comment voulez-vous qu'un éditeur n'écoute pas les propositions d'un grand magasin, d'un gros détailleur qui lui offre de lui acheter ferme d'un coup 40 ou 50.000 fr. de marchandises, qui le paye comptant, ou à peu près, qui lui évite les ennuis, les lenteurs et les risques de 4 ou 500 ventes à opérer pour arriver à réaliser le même chiffre

(1) Jobard, *Annales de l'Imprimerie*, 1852, nº 10, p. 261.

d'affaires. D'ailleurs, s'il n'agissait pas ainsi dans le désir d'obliger ses confrères, il deviendrait la première victime de son bon cœur. En effet, qui pourrait empêcher tel ou tel magasin de nouveautés de se faire lui-même éditeur, et d'ouvrir un rayon de ses livres d'étrennes, ou de ses livres scolaires, à côté d'un rayon de ses cravates ou de ses parapluies? Il trouverait facilement à mettre à la tête de ce service un commis intelligent, peut-être un ancien éditeur, trahi par la fortune, qui serait enchanté de trouver une bonne place, stable et sûre, exempte de soucis et lucrative : il a les capitaux nécessaires, il a la clientèle assurée, et, — qui sait, — il serait peut-être capable de vendre ses livres à perte, comme il le fait pour certains articles dits d'exposition, qui n'ont d'autre but que d'attirer et de retenir le client.

A l'exemple des éditeurs allemands, M. Juven (1) a préconisé le système des remises plus fortes sur les commandes à compte ferme que sur les dépôts. — Ce serait évidemment rationnel, et c'est pratique courante en Allemagne; mais les dépôts sont si commodes, pour le libraire de province, qu'il aura bien de la peine à y renoncer.

(1) *Revue*, 15 oct. 1903.

Interdiction de solder

On voudrait interdire la vente des soldes. Mais si un commerçant, quelque peu gêné, voit qu'un livre boude, s'il croit que, en réalisant ce livre avec une grosse perte et en ayant en mains une somme qui lui permettra de tenter à nouveau la fortune ou au moins de sortir des difficultés qui l'enserrent, allez donc lui dire qu'il a tort et qu'il ferait mieux de rester comme il est, pour ne pas déprécier les exemplaires qui sont dans le magasin de ses confrères; il vous enverra promener, et il aura raison.

Les loteries et les liquidations mutuelles

En 1848, il y eut, à la suite de la Révolution de février, une crise sur la librairie, comme sur tout le commerce parisien. Quelques libraires, Paulin, Furne, Pagnerre, Perrotin, Plon, Bixio, Laboulaye, Langlois, Le Huby, animés d'excellentes intentions, eurent l'idée de créer un débouché à la librairie et imaginèrent la *loterie de la librairie.*

Tous les éditeurs furent invités à fournir la liste des ouvrages pour lesquels ils voulaient participer à la souscription. Sur les offres faites, on choisit les meilleurs; le capital était de

5 millions en livres au prix fort; le nombre des billets était de 120.000 à 25 francs l'un, formant un total de 3.000.000 fr., de façon que le public eût un plus grand choix. La prime consistait en livres avec remise de 50 p. 100 sur le prix du catalogue.

Tout le monde devait être heureux : les auteurs, les éditeurs, les imprimeurs, les fabricants de papier, les ouvriers : on allait avoir des capitaux pour recommencer à faire des livres.

L'autorisation fut donnée à Paulin le 28 août 1848; mais les éditeurs qui n'avaient pas été admis dans la combinaison protestèrent : on prétendit que c'était au préjudice de tous et au bénéfice de quelques-uns que cette comédie devait se jouer; on invoqua le spectre de la ruine du petit commerce mangé par le gros commerce, la ruine des libraires par la dépréciation des livres fabriqués, la ruine de toutes les industries par le détournement des fonds qui leur étaient destinés; on y vit la violation des lois de la Convention, du Directoire, de la République, de la Monarchie ; c'était un attentat à la prospérité, à la Liberté, à l'Egalité, à la Fraternité ; c'était la croisade du riche contre le pauvre.

C'était surtout une question de rivalité entre ceux qui étaient entrés dans la combinaison et ceux qui n'y avaient pas été admis.

Ces derniers furent les plus forts, et l'autorisation fut retirée le 29 septembre 1848, sans qu'aucun pas ait été fait, à cette époque, pour la solution de la crise du livre.

En avril 1891, M. Baragnon, soldeur en librairie, a fait circuler un projet de formation d'une Société de liquidation mutuelle, où chacun viendrait apporter ses soldes; la Société devait avoir un capital de 200.000 fr., divisé en 200 actions; 10 éditeurs, souscrivant chacun 10 actions, apportaient chacun 100.000 fr. de livres au prix fort; il y avait en outre 100 000 fr. de parts de fondateurs; la Société qui achèterait à 90 o/o, revendrait avec 70 o/o en accordant des délais; la différence servirait à donner aux actionnaires un dividende, à reconstituer le fonds social par l'achat de nouveaux soldes, et surtout à payer les frais de l'opération et les honoraires du directeur.

Je puis rapprocher de ces projets la grande loterie des livres, qui était annoncée comme devant être organisée sous le patronage de la Société des gens de lettres : la Société de la loterie achèterait aux éditeurs leurs soldes avec 90 o/o de remise, et ces soldes constitueraient les lots; les bénéfices seraient versés dans la caisse de secours de la Société des gens de lettres.

Je ne vois pas bien en quoi cette organisation

sauverait le commerce de la librairie : la vente à 90 o/o ne pourra jamais être considérée par personne comme une bonne affaire.

Dénonciation des traités pour la reproduction des œuvres littéraires

On a proposé, dans le même ordre d'idées, de dénoncer les traités qui lient la Société des gens de lettres avec les journaux pour la reproduction des œuvres littéraires, moyennant 5 centimes la ligne, ou plus, généralement, moyennant une somme fixée à forfait. On relèverait les prix du droit de reproduction et on espère qu'alors les journaux préféreraient publier du neuf plutôt que du vieux, devant payer à peu près le même prix ; on y voit le moyen de faire cesser la concurrence que les reproductions font aux volumes déjà parus. — Moi, j'y vois surtout un débouché pour la prose des romanciers de troisième ordre, qui ne savent comment se faire imprimer ; j'y vois surtout une prime offerte à l'éclosion de nouveaux romans-feuilletons, dont le nombre est déjà trop considérable.

Livres à bon marché

Faut-il ne faire que des livres bon marché et diminuer le prix fort, pour doubler ou tripler le nombre de ceux qui les achètent ?

C'est ce que M. Louis Hachette souhaitait; il voulait que le prix de la fabrication du livre s'abaissât suffisamment pour qu'on pût, après l'avoir lu, le jeter sans s'en inquiéter davantage.

C'est aussi ce que demande un publiciste contemporain, M. G. Kahn (1); il trouve le livre trop cher, et dit que la crise cessera lorsque le livre cessera de coûter 3 fr. 50, comme en 1848, alors que l'argent produisait 5 p. 100.

En fait, entre 1789 et 1889, le prix du livre n'a pas sensiblement varié et, par conséquent, il est relativement moins élevé (2).

Mais ceux qui demandent une nouvelle baisse ne se doutent pas des difficultés que présente la fabrication du livre, quand on ne veut pas que ce soit de la camelote. La main d'œuvre a augmenté d'une façon très sensible depuis 20 ans; les auteurs et les artistes demandent une rémunération plus élevée. Les honoraires des auteurs sont généralement proportionnés au prix du volume, en sorte que l'éditeur, obligé de payer à l'auteur un droit d'autant plus cher que son prix de fabrication est plus considérable, se trouve amené à forcer son prix de vente pour rétablir l'équilibre. Il est enfermé dans une impasse dont il ne peut sortir pour viser au bon marché.

(1) G. Kahn, *le Siècle*, 22 oct. 1903.
(2) Babeau, *Paris en 1789*, Paris, 1892, p. 349.

Si l'on diminuait d'un tiers le prix du volume, on n'arriverait pas à vendre le double d'exemplaires : la différence que l'éditeur pourrait consentir ne représente pour l'acheteur qu'une dépense insignifiante, et elle priverait le détaillant du bénéfice qui lui permet de vivre.

Relèvement des prix

Faut-il relever le prix du livre? Faut-il ne faire que des livres chers, pour donner plus de remise aux détaillants? — Mais ce n'est pas résoudre la question, puisque le malheur est que les détaillants l'abandonnent déjà en grande partie, sinon en totalité, à leurs clients. L'élévation de la remise sera une occasion de plus pour *gâcher* les prix.

A partir du 1er oct. 1899, il a été admis dans le commerce de la librairie parisienne que le volume de 3 fr. 50, autrefois affiché à 2 fr. 75, serait relevé à 3 fr. Cette augmentation paraît contraire aux règles économiques : un commerçant gagne plus en vendant beaucoup d'articles à petit bénéfice qu'en vendant plus cher une moindre quantité d'objets : les libraires semblent agir comme un propriétaire qui, ne trouvant pas à louer ses appartements, en augmenterait le prix. La librairie serait donc une industrie d'une espèce particulière, où plus on éloigne le client déjà rare, plus on gagne.

Au fond, cela n'a pas grande importance : le client a pris facilement l'habitude du nouveau prix.

Mais, si vous voulez me le permettre, je vais vous donner une recette facile pour augmenter les prix : ce moyen, nous le devons à un honorable académicien, aujourd'hui bien oublié, mais qui a eu son jour de gloire, entre 1801 et 1806, et qui mourut en 1854, Baour-Lormian. Vers la fin de sa carrière, désolé de voir ses livres dans les boîtes des quais, il les rachetait ; bientôt, il trouvait, comme le vieux sergent devant les bataillons anglais à Waterloo, « qu'ils étaient trop » : sa bourse modeste ne suffisant plus à les sauver tous, il prélevait dans la boîte à 5 sous un de ses livres, les *Poèmes gaëliques*, ou *Osmasis*, ou la traduction de la *Jérusalem délivrée ;* il le regardait, le retournait, l'ouvrait, le parcourait, et, profitant d'un moment de distraction du bouquiniste — n'ayez pas peur, il ne le mettait pas dans sa poche — il le faisait monter en grade en le transportant de la boîte à 5 sous dans la boîte à 1 fr. Il était heureux, ayant conscience que, si son livre n'était pas encore coté comme il méritait de l'être, il avait au moins gagné un peu de valeur.

Voilà un procédé bien simple pour relever le prix des livres. Qui sait : Baour-Lormian croyait peut-être avoir trouvé le moyen de résoudre la question de la crise.

Syndicats d'éditeurs et syndicats de détaillants

Dans la pensée de trouver un remède plus sérieux au mal, on a formé des syndicats, l'un de libraires éditeurs, l'autre de libraires détaillants ; il y a même en province des syndicats régionaux, tous visant le même but : le relèvement du prix de vente, et l'obligation, pour ceux-là même qui ne sont pas syndiqués, de respecter le tarif établi : la sanction est bien simple, la mise en interdit des libraires récalcitrants, qui portent à la fois préjudice à leurs confrères et à eux-mêmes. — En soi l'idée est bonne : la pratique est difficile. Ce qui gêne le plus les contrevenants, c'est que le livre n'est pas une marchandise comme le fer ou la toile, où l'on peut remplacer indifféremment une marque de fabrique par une autre. Si le client veut un *Dictionnaire de la langue française* par Littré, il n'y aura pas moyen de lui faire prendre à la place un *Dictionnaire de la langue française* par Larousse.

En tous cas, les résultats obtenus jusqu'à ce jour par les syndicats sont assez satisfaisants pour permettre de bien augurer de l'avenir.

Syndicats d'auteurs

Les auteurs, et non plus les libraires, ont eu, eux aussi, la pensée de s'associer pour s'éditer en commun, c'était l'édition mutuelle. Leibnitz et plus tard Klopstock avaient conçu le projet d'une association de ce genre, pour éviter les exigences des libraires (1) et se réserver tous les bénéfices. Depuis, bien d'autres tentatives ont été faites : elles n'ont jamais réussi.

Brevet d'invention

Faut-il chercher un remède dans le brevet d'invention que proposait M. Schwarz et qui empêcherait la concurrence des éditeurs entre eux pour l'exploitation d'une idée? On se réserverait un genre, un format, une disposition typographique, et nul n'aurait le droit d'imiter le titre, l'ordre, la forme du livre ? — Cela me paraît bien difficile à établir.

Suppression des colis postaux

On a proposé encore de supprimer les colis postaux, et d'élever les tarifs de transport. — Mais ce serait vouloir marcher à l'encontre du

(1) Warée, *De la patente à imposer aux libraires-éditeurs*, 1844, p. 12.

mouvement général : on m'a dit, mais je ne garantis pas l'exactitude du renseignement, que la Nouvelle-Grenade, pour favoriser le développement de l'instruction publique, a décrété le transport gratuit de tous les livres ; en tout cas, la Belgique, la Suisse et l'Allemagne, sans aller aussi loin, ont favorisé la circulation du livre par des tarifs privilégiés et par la carte postale à 5 centimes pour les ordres de librairie ; en France même, nous avons la commande sous enveloppe affranchie à 5 centimes, qui n'est pas encore très vulgarisée.

Quant au rétablissement des brevets de libraire, je crois que personne ne l'a demandé et ce n'est pas moi qui commencerai.

La vérité, en somme, c'est qu'il n'y a pas de panacée contre la crise du livre : mais en l'absence d'une réglementation générale, je désire donner quelques conseils aux éditeurs et aux détaillants.

CONSEILS AUX ÉDITEURS

Je dirai aux éditeurs:

Ne cherchez de remède à vos maux que dans la prudence individuelle.

Modérez la production.

Ne faites des livres que selon vos ressources et les demandes du public.

Les plus solides positions de la librairie appartiennent à ceux qui ont commencé avec des capitaux modestes, sagement employés, à ceux qui souvent n'ont eu pour auxiliaires que leur travail, leur courage et leur volonté; c'est là, en toute chose, ne l'oublions pas, le secret du succès.

L'éditeur doit être instruit

Il n'est pas nécesaire que l'éditeur soit un savant, comme un Henri ou un Robert Estienne, comme un Renouard ou un Didot; il n'a même pas besoin d'être congru en langue latine et de savoir lire le grec, comme le voulait l'édit d'août 1686 (1), qui réorganisa la corporation

(1) Titre VI, art. 40.

des libraires à Paris ; mais il faut que l'éditeur soit instruit.

En 1803, il était de notoriété publique que, sur les trois principales maisons de Paris, il y en avait deux, dont les patrons, morts en laissant une grande fortune, n'avaient jamais su lire ni écrire; seul, le patron de la troisième était parvenu, dans son âge mûr, à épeler assez couramment. Tous trois avaient longtemps vendu de la salade dans les rues de Paris et c'est le hasard qui les avait jetés dans le commerce de la librairie (1). Balzac, qui n'aimait pas beaucoup les éditeurs, dit qu'il y avait, de son temps, 20 libraires marchands de salade qui jugeaient des manuscrits sur la disposition des titres (2). Balzac exagérait. En tout cas, aujourd'hui on ne trouverait plus de pareils phénomènes dans la librairie parisienne.

Rôle de l'Éditeur

On ne se fait pas toujours une idée exacte du rôle de l'éditeur. On se figure que l'éditeur se contente de prendre le manuscrit des mains de

(1) A. de Saint-Maurys, article Lefèvre (Jean-Jacques), in-8°, à 2 col.

(2) Balzac, *Notes à MM. les Députés composant la commission de la loi sur la propriété littéraire nommés en 1836.*

l'auteur, de l'envoyer à l'imprimerie sans le regarder, de recevoir ensuite un certain nombre d'exemplaires imprimés, brochés ou reliés, et d'encaisser enfin une différence énorme entre le prix de fabrication et le prix de vente.

Il s'en faut que ce soit là la vérité, quand l'éditeur veut être autre chose qu'un simple marchand de papier noirci.

C'est à lui d'examiner avec soin les manuscrits et de n'accepter que ceux qui sont bons à imprimer.

Il y a en effet deux sortes de livres : les superflus et les nécessaires.

Les superflus, n'en parlons pas : il n'en faut pas faire, tout le monde dit qu'il n'en faut pas acheter.

Les nécessaires sont ceux qui répondent à un besoin pratique, ceux qui comblent une lacune, comme on dit quelquefois, un peu abusivement, dans les préfaces; ils sont utiles au même titre que l'argent ou l'aliment; ils constituent la monnaie intellectuelle, indispensable à l'échange des idées, et la nourriture de l'esprit, aussi indispensable que celle du corps.

Gouverner c'est choisir, disait un homme politique; éditer, c'est aussi choisir, et il y faut une main légère et un esprit critique et droit.

Si le nom de l'auteur n'est pas tout, dans le

titre d'un livre, il y a lieu néanmoins de faire entrer en ligne de compte le plus ou moins de chances de succès vénal que présente le nom d'un écrivain auprès des acheteurs ; il faut savoir juger les hommes et d'un coup d'œil distinguer leur capacité, leur aptitude et leur intelligence.

L'éditeur aura l'orgueil de choisir ses auteurs.

L'industrie du livre doit avoir un caractère de dignité, de noblesse ; l'éditeur autrefois se faisait honneur des livres qu'il publiait et il n'aurait pas mis son nom sur le titre d'un livre écrit sans talent.

L'Éditeur doit avoir une idée

Ce qui fait le mérite et la fortune d'un éditeur, ce n'est pas d'avoir imprimé un livre que lui propose un auteur : souvent les livres qui se vendent le mieux ne sont pas ceux que l'on nous apporte tout faits, mais ceux que nous allons chercher.

Ainsi pensaient D'Houry, l'éditeur de l'*Almanach national*; Le Breton, l'éditeur de l'*Encyclopédie* de Diderot et D'Alembert; Charles-Joseph Panckoucke, qui publia l'*Encyclopédie méthodique*, le *Mercure de France*, le *Moniteur universel*, la collection des *Voyages*, les *Œuvres* de Voltaire et de Buffon, et Charles-Louis Fleury-

Panckoucke, qui édita *Victoires et Conquêtes des Français*, le *Barreau français*, le *Grand Dictionnaire des sciences médicales*, la *Description de l'Egypte*, la *Bibliothèque latine-française*. Ces publications étaient de véritables créations.

Ch.-L. Fl.-Panckoucke avait, en outre, pour principe de ne publier que des ouvrages ayant un grand nombre de volumes. « Je travaille pour les 3 ou 4 premiers, disait-il, je les lance, et ensuite l'opération marche toute seule sans que je m'en occupe, me laissant le loisir de donner satisfaction à mes goûts d'artiste et de mondain. »

« Combien d'écrivains n'ont été amenés à écrire un livre que sur les sollicitations pressantes d'un éditeur? Combien d'œuvres remarquables ne seraient pas sorties du cerveau de l'auteur qu'elles ont immortalisé sans l'intervention, parfois sans doute intéressée, mais fréquemment aussi bienveillante, amicale et généreuse de l'éditeur (1).

Il faut donc que l'éditeur ait toujours le *nez au vent*, pour savoir de quel côté souffle l'actualité, l'à-propos. Il n'y a pas de véritable crise pour les éditeurs qui savent s'orienter. La poésie était morte, quand Lamartine, Victor Hugo et Alfred de Musset ont paru et quelques libraires

(1) Werdet, *De la librairie française*, p. 316.

ont vu que c'était là l'avenir; le roman a présenté au XIXe siècle deux courants : le premier, de 1830 à 1840, avec George Sand, Alexandre Dumas, Eugène Sue, Balzac ; le second, de 1875 à 1885, avec Zola, Alph. Daudet, Ohnet, Bourget ; et pour chacun il s'est trouvé des éditeurs intelligents qui ont compris où était le succès.

Puisque la littérature d'imagination est morte, ou du moins subit une éclipse, il faut y renoncer : si on ne peut pas faire mieux que les anciens, il faut faire autrement. Faites donc des livres pratiques, utiles, professionnels.

Il faut surtout avoir une idée, que cette idée soit juste, et qu'on ait le moyen de la réaliser.

La maison Larousse a vendu, en deux ans et demi, 150.000 exemplaires du Nouveau dictionnaire, qui, au prix moyen de 200 fr., représentent une vente de 30 millions. Peut-on dans cette maison parler de la crise de la librairie ?

Le livre qu'il faut publier

On ne lit plus, on consulte les livres ; on les estime pour les documents qu'ils renferment ; on cherche avant tout les faits, on lit pour apprendre.

Le médecin, l'avocat, l'industriel, avec notre esprit utilitaire, veulent un livre qui *rapporte*, qui donne, avec une dépense minime, une indication permettant de gagner 10 ou 20 fr.

Nos grands-pères lisaient autrement (1).

Les libraires des XVIIe et XVIIIe siècles faisaient des livres pour quelques privilégiés : il faut aujourd'hui les faire pour tout le monde (2).

L'éditeur doit-il essayer d'imposer son choix au public ou subir la volonté du public? C'est une bataille intéressante, dans laquelle l'éditeur doit apporter beaucoup de tact et de réserve.

La fabrication du livre

L'éditeur a choisi le manuscrit qu'il veut publier : son rôle n'est pas fini.

Les auteurs ne s'entendent généralement pas beaucoup à la disposition matérielle d'un livre; les imprimeurs ne voient souvent dans l'impression que l'occasion de mettre du noir sur du blanc, pour utiliser leurs caractères et leurs presses; l'éditeur est à la confection d'un livre ce que l'architecte est à la construction d'une maison.

Le titre d'un livre a une grande importance; il est en fait fonction de l'époque plutôt que du livre et un livre s'achète souvent sur le titre. Le titre est parfois tout un poème et l'auteur n'en

(1) Ch. Bigot, *Philosophes français. M. Ern. Bersot* (*Revue politique*, 2 oct. 1875, p. 316).
(2) *La Revue*, 1899.

a pas écrit de meilleur. Il y a des règles qui doivent en déterminer le choix. Il faut, paraît-il, se défier du titre formé d'un nom.

LA FORME MATÉRIELLE DU LIVRE

La forme entre pour une part importante dans le discrédit des livres, et souvent elle emporte le fond. Il faut que, comme les imprimeurs des premiers temps de l'imprimerie, l'éditeur ait le souci constant de la perfection de la forme matérielle. Il choisira un format élégant et commode, approprié surtout à la nature du livre ; un papier de bonne qualité, solide, pour que les mots du verso ne se confondent pas par transparence avec ceux du recto; un caractère du texte, agréable à l'œil, assez gros, assez interligné pour être lisible, assez fin pour contenir beaucoup de matière; une encre solide et noire (1); il choisira les illustrations, pour lesquelles il a à sa disposition tous les procédés modernes qui ont tué la gravure sur bois, l'eau-forte et la taille-douce; il adoptera un brochage ou un carton-

(1) Les livres imprimés sous Louis XIV et Louis XV sont encore jeunes, tandis que, parmi nos publications nouvelles, on en pourrait citer beaucoup qui tombent de vétusté en peu d'années, dont le papier s'émiette, et par sa transparence laisse voir des deux côtés du feuillet une encre huileuse et jaunâtre. (Hébrard, *De la librairie*, 1847, p. 11.)

nage, dont le dos ne cédera pas à la première ouverture.

LA CORRECTION DU LIVRE

L'éditeur doit surtout veiller à la correction typographique, qui laisse si souvent à désirer, parce que les auteurs, en corrigeant leurs épreuves, lisent non ce qu'il y a, mais ce qu'il doit y avoir, parce que les imprimeurs ont pour la plupart cessé d'être des artistes et sont devenus des industriels. Je pourrais citer un *Formulaire médical*, où se trouve imprimée cette phrase étonnante : « Dans la solution, versez quelques morceaux de tasse, » ce qui n'a aucun sens : il faut lire « quelques morceaux de potasse ». Cela ne causera évidemment pas la mort d'un homme.

Et cependant, à l'époque de la Révolution, une faute d'impression conduisit un honnête libraire à l'échafaud. En 1793, végétait, à Verdun, un pauvre diable de libraire-imprimeur, qui, pour ne pas mourir de faim, conçut la funeste idée de publier un *Almanach de Verdun pour l'an II de la République française une et indivisible.* Malheureusement pour lui, il avait oublié une syllabe, il avait imprimé *invisible* au lieu d'*indivisible* : cela suffit pour le faire passer devant le tribunal révolutionnaire, comme réactionnaire; il fut condamné à mort et exécuté (1).

LES LIVRES QUI SE VENDENT

Et cependant, l'Éditeur doit se préoccuper de satisfaire moins les yeux que l'esprit, de contenter moins la curiosité de l'amateur que la commodité du lecteur.

Le livre doit être fait, non pas pour celui qui l'écrit, pas même pour celui qui le vend, mais pour celui qui l'achète, qui le lit ou le consulte.

Il faut surtout que l'acheteur en ait pour son argent; c'est un désespoir, quand, pour 3 fr., on est mis en possession d'un volume moins bien traité qu'un catalogue de magasin de nouveautés, que l'on reçoit gratis.

Les plus beaux livres ne sont pas toujours les meilleurs.

Ce ne sont pas non plus toujours les meilleurs qui se vendent le mieux; en tout cas, ce ne sont jamais les mauvais qui trouvent la faveur du public.

Ceux qui en général rencontrent le meilleur accueil, ce sont les médiocres. Il leur suffit d'avoir un bon titre, d'être écrits sur un sujet à la mode et d'être facilement compris. Preault, le grand sculpteur, disait que ce qui convenait à

(1) Werdet, *Histoire du livre.*

notre caractère c'était la médiocrité de première classe.

NE TIREZ PAS A TROP GRAND NOMBRE

Ne tirez pas les éditions à trop grand nombre : sans doute, c'est bien tentant, quand toutes les grosses dépenses sont faites, quand la presse roule, et que, par son traité avec l'auteur, on a le droit de forcer le chiffre du tirage, il n'y a plus à payer que quelques rames de papier, et quelques heures de machine. Mais prenez garde de lasser le public en ne lui montrant pas assez vite une édition nouvelle. Je veux à ce propos vous citer un fait. M. le Dr X... avait publié un livre de médecine qui avait un grand succès : on tira d'abord à 2500 ex., puis à 3000 ex., et on fit cinq éditions qui se succédaient régulièrement tous les 2 ou 3 ans. A un moment donné, l'auteur eut besoin d'argent, il dit à son éditeur: « Dites-moi ce qu'il vous faut tirer d'exemplaires pour me donner 100.000 fr. » L'éditeur accepta et tira 10.000 ou 12.000 ex., chiffre consenti par l'auteur; mais au bout de 3 ans l'édition n'était pas épuisée, on en avait vendu 3000 ex. sur les 12.000 ex. — Le client, qui avait l'habitude de voir une nouvelle édition paraître à date pour ainsi dire fixe, devint méfiant, il se dit : « une nouvelle édition va venir, j'attendrai pour l'acheter, » et il attendit si bien qu'elle ne vint jamais. L'auteur et l'éditeur, de complicité, avaient tué la Poule aux œufs d'or.

L'exportation du livre

Le livre fini, l'éditeur devient commerçant; il faut qu'il lance la publication et qu'il soigne sa mise en vente; je recommande surtout de favoriser l'exportation du livre français, car si toute marchandise qui passe la frontière emporte avec elle une idée, combien le fait est plus vrai pour le livre, qui va porter au loin nos arts, notre industrie, notre civilisation, et qui va faire aimer la France.

Les grands libraires du XIXe siècle

L'éditeur peut alors souhaiter, comme Etienne Dolet, que « ses livres donnent témoignage qu'il n'a pas vécu en ce monde comme personne otieuse et inutile ».

Et sans remonter jusqu'au XVIe siècle, il peut se contenter de prendre modèle sur les grands libraires du XIXe siècle, dont je puis seulement énumérer les noms : Martin Bossange, les Panckoucke, les Didot, les Renouard, Gosselin, Eugène Renduel, Perrotin, Furne, Curmer, Michel Lévy,

Hachette, Charpentier, Plon, Hetzel, Jouaust ; je demande la permission de citer, à la suite de ces noms illustres, celui de mon père, J.-B. Baillière (1).

Libraires détaillants et libraires de province

Je dirai aux libraires détaillants et aux libraires de province :

Vous avez tout à gagner à être plus instruits et à avoir plus de capitaux. La noble profession que vous exercez n'est pas de celles que l'on peut aborder sans apprentissage et sans connaissances spéciales.

Vous avez besoin des éditeurs comme les éditeurs ont besoin de vous, c'est l'histoire de la fable : *les Membres et l'Estomac*. La solution du problème n'est pas dans une scission qui ne pourrait profiter à personne et qui doit nuire à tous.

(1) Jean-Baptiste-Marie Baillière, né à Beauvais (Oise) le 20 novembre 1797 (30 brumaire an VI), débuta en librairie le 3 juin 1812, comme commis chez Méquignon l'aîné, libraire de la Faculté de médecine.

Le 25 novembre 1818, il ouvrit une petite boutique, rue de l'Ecole-de-Médecine, n° 14, et, en 1819, il publiait le premier livre, qui porte son nom : *Médecine légale*, par Lecieux et Renard.

En 1823, il transporta ses affaires rue de l'Ecole-de-Médecine n° 17;

Le 1er janvier 1850, il vint s'installer rue Hautefeuille, n° 19 : c'est là qu'il est mort le 8 novembre 1885, à l'âge de 88 ans, ayant appartenu à la librairie soit comme commis, soit comme patron, pendant 73 ans, et laissant aux siens le souvenir d'une longue et belle vie consacrée tout entière au devoir et au travail.

CONSEILS AUX COMMIS-LIBRAIRES

Maintenant je voudrais parler à mes chers collègues de l'Association des commis libraires français et leur donner quelques conseils; le fait de mon entrée comme commis dans la librairie de mon père, à une époque déjà lointaine, en juillet 1859, sera mon excuse.

Il y a de grandes chances pour que vous deveniez libraires : c'est dans cet espoir que vous avez commencé votre apprentissage.

Dans la vie, il faut d'abord savoir où on veut aller; après cela, il faut prendre le chemin qui y conduit. C'est ce que vous faites.

Ordre et instruction

Apportez dans tout ce que vous entreprenez de l'ordre et de l'économie; soyez intelligents et laborieux, soyez actifs et instruits.

Faites surtout que votre éducation professionnelle vous rende capables de devenir patrons.

L'Association amicale des commis libraires et l'Ecole du livre

J'applaudis à l'heureuse initiative qui a fondé votre jeune Association dans laquelle vous vous êtes proposé de vous créer un centre intellectuel et technique; vous cherchez à augmenter la somme de vos connaissances pratiques ; vous faites des promenades et des visites dans les librairies, les imprimeries, les papeteries, les ateliers de reliure; vous demandez à des conférenciers de traiter devant vous des questions de votre métier.

Vous avez réalisé d'une heureuse façon l'école de la Librairie, qui fonctionne en Allemagne et notamment à Leipzig depuis 1853 : plusieurs éditeurs ont cherché à l'acclimater en France, sans succès d'ailleurs, et M. Félix Baranger, président du syndicat des libraires de France, la réclame avec insistance. Espérons qu'il sera plus heureux.

Vous avez déjà trouvé la consécration de votre œuvre dans la distinction dont vient d'être l'objet votre Président, M. Dumas; pour lui, c'est la récompense de son zèle et de son activité ; pour vous, c'est un honneur qui rejaillit sur votre Association tout entière et dont chacun de vous peut prendre sa part.

Quant à moi, j'ai été heureux de répondre à

l'appel de vos deux vice-présidents dont je connais et j'apprécie le dévouement et le mérite, M. Ch. Sevin, depuis 31 ans, M. Ch. Petit, depuis 7 ans, et de vous apporter un témoignage de ma sympathie pour votre œuvre et pour vos personnes, en vous racontant un peu de ce j'ai appris d'une profession à laquelle j'appartiens depuis de longues années.

En attendant que vous ayez des cours d'histoire du livre, de bibliographie, d'art du catalogue, de langues vivantes, etc., permettez-moi de vous signaler quelques cas singuliers où un peu d'instruction aurait été de mise pour éviter de lourdes bévues.

Bévues à éviter

Si vous rencontrez un livre latin *Ad extrahendum calculum*, c'est-à-dire sur l'opération de la taille, ne le classez pas dans les mathématiques, sous prétexte qu'il s'agit de calcul.

Ne placez pas dans la théologie un livre intitulé *l'Office*, qui est un manuel de cuisine.

Ne rangez pas dans les livres de botanique cet in-folio intitulé *Fuggerorum et Fuggerarum imagines* en croyant qu'il s'agit d'une iconographie des Fougères : c'est l'histoire de la famille Fugger, ces illustres marchands d'Augsbourg, qui furent les banquiers de Charles-Quint.

Dans le même ordre d'idées, je puis citer deux commis libraires, dont l'un demandait un livre sur la *Cyranoscopie des Humeurs* (c'était à l'époque du succès du drame de Cyrano de Bergerac) ; l'autre, sur la *Cosmographie des Humeurs*, au lieu de la *Cryoscopie des Humeurs* (c'est une méthode nouvelle d'examen des humeurs de l'économie) ; — ou bien la *Gastronomie*, par M. X..., chirurgien des Hôpitaux, au lieu de la *Gastrostomie* (c'est une opération qui consiste à établir en un point de la paroi de l'estomac une ouverture permanente par laquelle on introduit des aliments dans cet organe).

Cela vous rappellera un peu les plaisanteries auxquelles se livraient autrefois les commis-libraires, qui, le premier avril, envoyaient le dernier arrivé dans la maison courir de porte en porte, pour chercher l'*Hygiène du condamné à mort*, la *Culture du Cresson de fontaine sur les toits en zinc*, le *Paroissien* par Alexandre Dumas, ou le *Traité de la construction des arches du Pont-Euxin*. Mais il s'agissait d'une farce de carnaval ; dans les cas que nous avons cités, c'est au contraire sérieusement que la demande était libellée.

Commis libraires devenus libraires.

Revenons à notre sujet.

Diderot, qui eut de violents démêlés avec Lebreton, l'éditeur de l'*Encyclopédie* (1), a néanmoins rendu justice à la librairie : « Dans son genre de commerce, dit-il, elle donne la considération. Si celui qui l'exerce a l'intelligence et les lumières qu'elle exige, cette profession doit être regardée comme une des plus nobles et des plus distinguées. »

Je félicite donc ceux d'entre vous qui atteindront le but qu'ils se sont proposé et qui de commis libraires deviendront libraires.

Il serait banal de parler des commis libraires qui sont devenus de grands éditeurs, et qui ont trouvé dans l'exercice de cette profession quelque honneur et quelque profit : c'est la voie naturelle, c'est le chemin classique.

Au lieu donc de vous faire une énumération fastidieuse, qui nous entraînerait trop loin, j'aime mieux vous parler des commis libraires qui ne sont pas devenus libraires et qui se sont fait un nom dans une carrière toute différente de celle qu'ils avaient d'abord embrassée.

(1) Voy. Paul Dupont, *Histoire de l'imprimerie*, tome II, p. 592.

Commis libraires qui ne sont pas devenus libraires

Il y en a de célèbres, il y en a d'illustres.

Je vous citerai d'abord Van Praet, né à Bruges en 1754, d'un père imprimeur; commis chez Desaint, puis chez Guillaume de Bure l'aîné, il collabora en 1783 à la rédaction du catalogue du duc de La Vallière qui comprenait 5668 articles et produisit la somme de 464.000 livres; en 1792, il devint sous-garde des livres imprimés à la Bibliothèque Nationale, puis, en 1795, conservateur. Il fut membre de l'Institut (1).

Millevoye, le poète, qui se plaça en 1801 dans un magasin de librairie, espérant y vivre en paix avec les morts illustres des temps anciens et nouveaux; son rêve fut bientôt déçu : la voix du patron le rappela aux exigences de ses fonctions. « Jeune homme, vous lisez, lui dit ce faiseur d'affaires qui n'était pas de la famille des Estienne et des Didot; vous ne serez jamais libraire. » Cette prosaïque apostrophe lui fit comprendre qu'il n'était pas né pour le commerce, fût-ce même le commerce des livres, et sans se préoccuper davantage de ses intérêts positifs, il

(1) Daunou, *Notice sur Van Praet* (*Acad. des Insc.*, 9 avril 1839).

suivit son irrésistible vocation pour les lettres (1).

Béranger, le célèbre chansonnier, se vante lui-même d'avoir été

> Garçon d'auberge, et libraire et commis.

Dans une autre direction, Honoré Daumier, le maître de la caricature, lorsqu'il vint à Paris, fut placé dans une maison de libraire.

Chintreuil, le peintre, fut commis chez Legrand, successeur de Charles Bechet, quai des Grands-Augustins.

Louis Français, le grand paysagiste, était en 1838 commis chez Menier, libraire, place de la Bourse, aux gages de 10 fr. par mois; il resta chez son successeur Paulin, fondateur de l'*Illustration*, et passa ensuite chez Buloz, à la *Revue des Deux-Mondes* (2).

Voulez-vous des comédiens? Vous pouvez revendiquer comme vous ayant appartenu: Berthelier, le créateur des *Deux Aveugles*; Saint-Germain, l'exquis comédien qui a longtemps fait partie des troupes du Vaudeville et du Gymnase; et Porel, qui vendait des livraisons à 20 centimes chez Charlieu, libraire, rue Gît-le-Cœur,

(1) Ch. Louandre, *Notice sur Millevoye*, in *Œuvres de Millevoye*, édit. P.-L. Jacob, 1880, tome I, p. IX.

(2) Georges Lafenestre, *Notice sur Français* en tête du *Catalogue de sa vente après décès*.

avant de devenir acteur de l'Odéon, puis directeur du Vaudeville.

Enfin, parmi les littérateurs, vous comptez au nombre de vos aînés :

Michel Masson (1800-1883), qui fut commis libraire, avant d'écrire des vaudevilles pour V. Dejazet et des drames pour l'Ambigu (1).

Champfleury, qui se lia d'amitié avec son collègue Chintreuil, chez Edouard Legrand.

M. André Lemoyne, le gracieux poète des *Roses d'Antan* et des *Charmeuses*, qui fut longtemps attaché à la maison Didot.

M. Albert Cim, bibliothécaire des postes et télégraphes et membre de la Société des gens de lettres, qui vous a raconté lui-même (2) qu'il avait débuté chez un de ses oncles en qualité de commis libraire.

Charles Joliet, Victor Chauvin et Emile Zola, qui furent tous trois commis dans la maison Hachette : les deux premiers arrivèrent à une certaine notoriété, le dernier a eu les succès les plus retentissants.

Mais il est temps de revenir à la crise du livre, que je n'ai jamais perdue de vue, en vous parlant des éditeurs et des commis libraires.

(1) *Le Monde illustré*, 1883, p. 304.
(2) Conférence du 21 nov. 1903.

CONCLUSION

Tout change ici bas, et se transforme : les diligences ont été remplacées par les chemins de fer, les quinquets par le gaz, le gaz par l'électricité ; c'est la loi du progrès.

Le commerce lui aussi, et le commerce de la librairie en particulier, n'est plus aujourd'hui ce qu'il était il y a 20 ans, il y a 50 ans surtout, avant cette révolution économique que nous traversons et qui sévit sur toutes les branches de la production.

Le livre est pourtant le plus admirable intermédiaire pour faire communiquer les vivants avec les vivants, les morts et la postérité, il est « conservateur » par excellence ; il est la base de toutes les doctrines philosophiques, de toutes les sciences, le point de départ de tous les progrès (1). C'est au livre que nous devons ce que nous savons et ce que nous sommes.

(1) About, *le Soir*, 5 janvier 1870.

Mais les goûts changent : autrefois on imprimait des in-folios, aujourd'hui on n'en publie plus.

Pendant longtemps, le roman, format de cabinet de lecture, à 7 fr. 50 le volume, a eu la vogue (2); il a été tué par l'in-18 jésus à 3 fr. 50, que Charpentier inaugura, le 6 août 1838, par la publication de la *Physiologie du Goût*, de Brillat-Savarin, pour lutter contre la contrefaçon belge.

Depuis, la *Librairie nouvelle* en 1854 et Michel Lévy en 1856, ont créé le volume à 1 fr.

Vers 1850, Marescq inventa la livraison à 4 sous, puis vint la livraison à 2 sous.

Tout cela était destiné à attirer le public et à le tenter par le bon marché, pour lui faire reprendre

(1) Le roman, format de cabinet de lecture, avait à peine 300 pages de 15 à 18 lignes à la page, de 25 lettres à la ligne, et encore, sur ces 300 pages, il y a au moins 10 pour 100 de pages blanches.

Les Quarante-cinq d'Alexandre Dumas (1848) formaient 10 vol. in-8, annoncés 75 fr.; *les Mohicans de Paris* (1854), 19 vol. in-8, 142 fr. 50 ; *les Mémoires d'un médecin, Joseph Balsamo* (1846-48), 19 vol. in-8, 142 fr. 50; aujourd'hui on peut avoir ces trois ouvrages l'un en 3, l'autre en 4, le dernier en 5 vol. in-18 jésus au prix de 1 fr. chaque volume.

Le cabinet de lecture fit grand tort à la librairie : un seul exemplaire suffisait pour 100 liseurs, qui auraient été peut-être des acheteurs. — Mais le système, destiné à faire la fortune des cabinets de lecture, fut, par son excès même, cause de leur ruine; car le nombre des lecteurs au volume était minime, la clientèle comptait surtout des abonnés au mois ou à l'année dans la proportion de 90 p. 100.

l'amour du livre; mais on a beau faire : le public n'aime plus les livres.

Les éducateurs de notre jeunesse en sont peut-être cause. Quand on a été pendant 10 ou 15 ans saturé de lectures sérieuses, grâce à la surcharge des programmes universitaires, on éprouve un certain plaisir à ne plus lire.

Les pessimistes ajoutent que la lecture atrophie le biceps et cause la myopie.

Entraîné par le courant des occupations, dans cette lutte pour l'existence, qui fait le fond de notre vie, on n'a plus de temps à donner à la lecture.

Les uns, que retient toute la journée un travail opiniâtre, incessant, sortent de leur bureau ou de leur atelier, dans un état d'esprit tel que lire un livre leur est impossible; tout au plus liront-ils un journal.

Les autres aiment les sports, cycle, automobiles, chasse; quand on rentre de la vie au grand air, on ne veut pas étudier, on veut se reposer.

D'autres enfin aiment les plaisirs, les bibelots; et ce genre de distraction est incompatible avec la lecture.

Il n'y a que les officiers de marine qui peuvent lire, disait J.-J. Ampère.

Aujourd'hui nous assistons à une phase de l'évolution de nos mœurs, et rien ne peut l'arrêter, pas plus que l'évolution des êtres vivants qui se meuvent dans un perpétuel devenir.

A travers les âges, le livre a trouvé des ennemis implacables qui l'ont persécuté avec violence, il les a laissés faire ; — il a trouvé des détracteurs ardents qui l'ont décrié avec passion, il les a laissés dire ; — il a eu bien des malheurs et il en aura encore ; mais j'ai foi en lui et je le vois poursuivant sa route, à travers les obstacles, sans faillir à sa tâche, pour le bien de tous.

Liber libro, libre par le livre. Telle est et telle sera toujours la devise de l'humanité tout entière.

TABLE DES MATIÈRES

Poitiers. — Imprimerie BLAIS et ROY, 7, rue Victor-Hugo.

www.ingramcontent.com/pod-product-compliance
Ingram Content Group UK Ltd.
Pitfield, Milton Keynes, MK11 3LW, UK
UKHW022119190726
13855UKWH00003B/950

9 782013 54066